Stefan Meetschen

# Europa ohne Christus?

Ein Essay

fe

Hauptsraße 22, D-88353 Kißlegg
www.fe-medien.de
4. Auflage März 2010
Gestaltung: Renate Geisler
Umschlagfotos: dpa, Michael Görner
Druck: orthdruk, Bialystok
ISBN: 978-3-939684-52-7
Printed in EU

Stefan Meetschen

# Europa ohne Christus?

## Ein Essay



*„Es wäre eine politische Verfälschung, wenn Europa das Phänomen ‚Kirche' und das Phänomen ‚Christen' bloß auf einen inneren Aspekt der menschlichen Existenz reduzieren würde, so als ob diese Wirklichkeiten ganz und gar privat und für die Öffentlichkeit oder die Politik völlig unwichtig wären."*

*(Kardinal Giovanni Lajolo, 2005)*

Für Anna

# Inhaltsangabe

## 1. Kapitel: Ausgangspunkte



## 2. Kapitel: Ist-Analyse



## 3. Kapitel: Rückschlüsse



## 4. Kapitel: Strategie



## 5. Kapitel: Epilog

**Sehr geehrter Herr Meetschen!**

Herzlich danke ich Ihnen für Ihren freundlichen Brief vom 7. Juni 2009, dem Sie als Anlage Ihr neuestes Büchlein „Europa ohne Christus?" beigelegt haben. Nicht zufällig leiten Sie mir Ihre Ausführungen zu, und so wird es Sie kaum überraschen, dass ich Gefallen daran finde.

Couragiert, konzise und direkt führen Sie Symptome für eine Entchristlichung des (ehemals?) „christlichen Abendlandes" auf. Es ist in der Tat fatal, wenn ein „aufgeklärtes" Europa meint, sich seiner Wurzeln entledigen zu können. Würde ein Baum ebenso handeln, er wäre innerhalb kurzer Zeit nichts mehr als totes Holz. Als Europäer stehen wir auf den Schultern von Riesen; verlassen wir diese, dann bleibt uns für den Blick auf die Welt nur noch die Froschperspektive.

Obwohl Sie die schwierige aktuelle Lage unumwunden schildern, habe ich den Eindruck, dass Sie sich nicht der Hoffnungslosigkeit überlassen. Sie selbst skizzieren im 4. Kapitel ja Perspektiven der Gegenwehr gegen die aktuelle Entwicklung.

Vor rund 2000 Jahren hatte der heilige Apostel Paulus in der Stadt Troas eine Vision: „Ein Makedonier stand da und bat ihn: Komm herüber nach Makedonien und hilf uns!" Der Apostel folgte diesem Ruf und gelangte nach Europa (vgl. Apostelgeschichte 16) – mit ihm das Christentum. Dieser Hilferuf gilt auch heute noch, selbst wenn sich viele Europäer dessen nicht mehr bewusst sind. So sage ich Ihnen abschließend nochmals Dank dafür, dass Sie dieses bedeutende, auch mir persönlich so wichtige Thema in den Blick genommen und zugleich (hoffentlich) vielen Zeitgenossen vor Augen gestellt haben.

Mit freundlichen Grüßen
und meinen bischöflichen Segenswünschen
+ Joachim Kardinal Meisner
Köln, den 18. Juni 2009

---

**Sehr geehrter Herr Meetschen,**

bei seinem denkwürdigen Besuch in Paris im Collège des Bernardins, am 12. September 2008, sagte Papst Benedikt XVI.: „Das, was die Kultur Europas gegründet hat, die Suche nach Gott und die Bereitschaft, ihm zuzuhören, bleibt auch heute Grundlage wahrer Kultur".

Sie haben – auf Ihre Weise – einen Anstoß gegeben, dass der Ruf des Papstes weiterhallt. Möge er viele Christen und andere Zeitgenossen ansprechen und bewegen.

Mit besten Grüßen aus dem Vatikan
Paul J. Kard. Cordes
30. April 2009

# 1. Kapitel

# Ausgangspunkte

## Neue Währung, neue Paragrafen und kein Fundament

Fünfzehn Jahre sind vergangen, seit der Film „Drei Farben: Blau" des polnischen Regisseurs Krzysztof Kieślowski in die Kinos kam. Darin schildert Kieślowski die Entstehung einer Komposition, einer „Hymne zur Vereinigung Europas" – basierend auf dem Text des Apostels Paulus über die Rangordnung der Charismen. Film und Musik gipfeln in den berühmten Worten: „Für jetzt bleiben Glaube, Hoffnung, Liebe, diese drei; doch am größten unter ihnen ist die Liebe" (1 Kor 13,13).

Seitdem sind in Europa nicht nur viele andere, bisweilen schlechtere Filme gedreht worden, auch die Einstellung vieler Menschen zu Europa hat sich gewandelt. Auf die Idee, die Entstehung einer Hymne zur Vereinigung Europas zu zeigen, kommt heute so schnell kein Filmregisseur mehr. Zu viel Ernüchterung im tagespolitischen Umgang der Mitgliedsstaaten, zu wenig europäische Geschlossenheit bei internationalen Krisen und Konflikten, zu viel wirtschafts-nationaler Egoismus im Zeitalter der Globalisierung haben das Projekt „Europa" für viele Bewohner des Kontinents in Misskredit gebracht. Vom Image der Überbürokratisierung der europäischen Hauptstadt Brüssel gar nicht zu reden.

Dabei ist die Einheit Europas heute, zu Beginn des 21. Jahrhunderts, näher und greifbarer als damals zu Beginn der 1990er-Jahre, als sich Kieślowski – noch direkt betroffen von der plötzlichen und wie ein Wunder anmutenden Überwindung der kommunistischen Teilung des Kontinents – aufmachte, eines seiner filmischen Meisterwerke zu gestalten.

Dies gilt jedenfalls, wenn man Europa aus der politischen und ökonomischen Perspektive betrachtet. Kieślowskis Heimatland Polen beispielsweise wurde 2004 zusammen mit Estland, Lettland, Litauen, Tschechien, Slowakei, Ungarn, Slowenien, Malta und Zypern in die Europäische Union aufgenommen und die Chancen stehen nicht schlecht, dass in allen diesen Ländern bald auch die europäische Einheitswährung, der Euro, eingeführt wird und die alten Währungen, wie zum Beispiel den polnischen Złoty, ablöst.

Doch damit sind wir in gewisser Weise schon beim entscheidenden aktuellen Problem Europas angelangt: seinem derzeitigen Fundament, seinem *fehlenden* geistigen Fundament.

Zwar waren – neben all der finanzpolitischen Skepsis – schon damals, 1999, als der Euro in den meisten alten EU-Mitgliedsländern eingeführt wurde, die Stimmen derjenigen zahlreich und laut, die davor warnten, dass ein monetärer Wert wie der Euro als alleiniges europäisches Binde- und Einigungsmittel nicht genüge, dass es eines tieferen, eines fundierten kulturell-religiösen Bandes brauche, um die Einheit und Geschlossenheit Europas nachhaltig zu gestalten; doch die monetäre Realität des Faktischen und eine – nach langer Vorlaufzeit – reichlich hektisch und ungelenk zusammengezimmerte „Grundrechtscharta für Europa“ brachten diese Stimmen bald zum Verstummen. Jetzt hatten die Europäer doch wirklich alles, was man braucht: die gleiche Währung und – neben den vielen bereits existierenden nationalen und internationalen Rechtsbestimmungen – auch noch ein paar neue, funktional zwar völlig überflüssige, dafür aber schick klingende Charta-Paragrafen. Sollte das nicht genügen?

Zumal – und hiermit sind wir beim zweiten zentralen Punkt – die Leidenschaft der meisten Europäer für eine derartig christlich fundierte Hymne oder ein anderes christlich motiviertes kulturell-religiöses Bindeglied zwischen allen europäischen Mitgliedsstaaten und Bewohnern bis heute nur niedrig entwickelt zu sein scheint. Das hat die (aus christlicher Sicht) erfolglos geführte Diskussion um den Gottesbezug in der Präambel der europäischen Verfassung bewiesen. Diese Diskussion war ein Machtkampf zwischen laizistischen und christlichen Kräften, und gewonnen haben die laizistischen Kräfte, weil sie das seit der Französischen Revolution offenbar unausrottbar in Europa vorherrschende Klischee bedient haben, dass mit laizistisch „neutral", „aufgeklärt" und mit christlich „autoritär", „obskurantistisch", vielleicht sogar „anti-demokratisch", gemeint sein könnte.

Große Massenproteste der 500 Millionen offiziell in Europa lebenden Christen gegen diese Fehlinterpretation sind aber ausgeblieben[1]. Die Mehrheit schweigt und stimmt damit zu. Wohl ein Grund, weshalb der derzeitige, vor Humanismus-Begeisterung schier aus allen Nähten platzende Präambel-Entwurfstext bei kritischer Lektüre den Eindruck erweckt, er sei nicht im nüchternen Zustand von Rechts- und Verfassungsexperten verfasst worden, sondern bei einer feucht-fröhlichen Freimaurer-Party entwickelt worden.

Lange erloschen jedenfalls ist in der breiten Bevölkerung und bei den meisten politisch Verantwortlichen die nach dem Ende des Zweiten Weltkriegs in vielen Ländern Europas einst so heftig entflammte christliche Begeisterung, die auch bei den Visionären der europäischen Einigung, Konrad Adenauer, Robert Schuman, Charles de Gaulle und Alcide de Gaspari mitschwang und sie bei ihrem politischen Handeln antrieb.

Die alten Gegner des Christentums (atheistischer Humanismus, Liberalismus, Laizismus, Sozialismus, Kommunismus etc.) haben in Europa offenbar wieder die Oberhand über den Zeitgeist gewonnen und sich mit neuen Ideologien und Lebensarten (Hedonismus, Nihilismus, postmoderner Relativismus, Egozentrismus, Konsumismus, Utilitarismus, Gender Mainstreaming, Multi-Kulturalismus etc.) zu einer unheiligen Allianz verbunden.

So heterogen diese Einstellungen und Lebensarten auch sein mögen, in einem Punkt sind sich die Vertreter dieser alten und neuen Ideologien einig: Das Christentum wird als natürlicher Feind betrachtet, der mit subtiler Aggressivität und oftmals unter dem Deckmantel der Toleranz kaltgestellt, wenn nicht gar ganz beseitigt werden soll.

---

[1] Abgesehen von einer europäischen Unterschriftenaktion für die Erwähnung des christlichen Erbes in der Verfassung, die immerhin eine Millionen Privatpersonen und 50 Millionen Personen, vertreten durch Vereine, mobilisierte.

## Christianophobie – eine neue Form der Verfolgung?

Seit einigen Jahren kursiert – insbesondere unter Intellektuellen, Gelehrten und auch im Vatikan – in diesem Zusammenhang ein neues Wort: *Christianophobie*. Ein Schlagwort, welches das Phänomen Intoleranz und Diskriminierung gegen Christen meint und plötzlich mehr und mehr für Westeuropa verwendet wird.

Dieses Phänomen setzt sich aus der Angst vor dem (eigentlich) unbekannten christlichen Glauben zusammen sowie dem Hass und den Ausschreitungen gegen seine Anhänger, die Christen, und die von ihnen jenseits aller Konfessionsgrenzen vertretenen Symbole, Lehren und Werte. Ein Hass, der sich in Europa nicht nur aus einer zunehmenden Unkenntnis des Glaubens speist, sondern paradoxerweise auch aus einem vermeintlichen Wissen, einem Überdruss an Kenntnis.

In Europa ist das Phänomen der Christianophobie nach dem Ende der beiden, den Menschen und die Transzendenz verachtenden Ideologien des Nationalsozialismus und des Kommunismus noch relativ frisch – und im Unterschied zu Ländern wie Indien, China, Saudi-Arabien oder dem Iran, wo die Christen der Gegenwart brutal verfolgt werden, gibt es, jedenfalls bisher, zwischen Amsterdam und Prag, Dublin und Rom keine physischen Gewaltakte und Angriffen gegen Christen.

Dafür aber eine Reihe subtiler Formen der psychischen, sozialen und politischen Verfolgung, die zeigen, dass man das Phänomen der *Christianophobie* in Europa nicht unterschätzen darf[2]. Treffend und hellsichtig hat der polnische Papst und große Europäer, Johannes Paul II., diese neue Form der Verfolgung bereits in den 1980er-Jahren erkannt und bei verschiedenen Gelegenheiten beschrieben. Er unterstrich schon damals, im Jahre 1983, bei einem Besuch des französischen Wallfahrtsortes Lourdes, dass die Arten der Diskriminierung der Gläubigen, ja ganzer kirchlicher Gemeinschaften, vielfältig und oft subtil seien, obwohl in der Gesetzgebung einzelner Staaten und in internationalen Dokumenten zu

---

[2] Siehe dazu auch: Jahresbericht Kirche in Not, 2008.

gleicher Zeit die Religions- und Gewissensfreiheit proklamiert würde. „Heute sind zum Gefängnis, zum Konzentrationslager, zur Zwangsarbeit und zur Vertreibung aus der Heimat weniger auffällige aber dafür raffiniertere Strafen hinzugekommen: nicht der blutige Tod, sondern eine Art ziviler Tod; nicht nur die Absonderung in einem Gefängnis oder Lager, sondern die ständige Einschränkung der persönlichen Freiheit oder die soziale Diskriminierung."

Was *Christianophobie* in Europa genau meint, auf welchen gesellschaftlichen Feldern und in welcher Art und Weise es auftaucht – dies soll im folgenden Kapitel, der Ist-Analyse, anhand von aktuellen Beispielen aus ganz Europa beleuchtet und betrachtet werden.

Besonders auch, weil zu befürchten steht, dass es viele Facetten und Nuancen der *Christianophobie* gibt, die wir heute noch gar nicht kennen, die sich langsam, aber sicher am Rande der großen öffentlichen Wahrnehmung entwickeln und weiterentwickeln werden. Ein schleichender Prozess, wie so oft in der von Beginn an von Verfolgungen geprägten Geschichte des Christentums.

Danach wollen wir überlegen, was Christen heute tun können, um nicht nur sich selbst und ihre christliche Stimme in Europa zu retten, sondern auch, um den Fortbestand der christlichen Tradition des Kontinentes weiterhin zu ermöglichen. Und sollte dies den Christen gelingen, vielleicht sogar noch mehr als das.

# 2. Kapitel
# Ist-Analyse

## Europa stellt sich auf den Kopf

Es ist schwierig zu sagen, wann und in welchem konkreten Fall das Phänomen der *Christianophobie* in Europa zum ersten Mal auftrat. Viel spricht dafür, dass diese extrem kirchen- und christenfeindliche Mentalität, wenn man von den urchristlichen Verfolgungen in Rom und den häufigen Angriffen auf die ersten christlichen Missionare in Europa absieht, mit der Französischen Revolution im Zuge der Aufklärung einen ersten gewaltvollen Ausbruch erlebte, danach im Zeitalter der Säkularisierung weiterhin in vielen Ländern Europas unter der zivilisierten Oberfläche schlummerte, bis sie sich nach einigen nationalen „Kulturkämpfen", unterstützt von den christenfeindlichen Ideen eines Friedrich Nietzsche und Karl Marx, in den Ideologien des Nationalsozialismus und Kommunismus erneut in aller Brutalität und Menschenverachtung entladen konnte.

Wenigstens kurze Zeit nach dem Zweiten Weltkrieg schien es vorbei zu sein mit der traditionellen *Christianophobie* in Europa: Viele Überlebenden des Krieges waren (wenn sie nicht – wie vor allem in Osteuropa – weiterhin der Ideologie des Kommunismus anhingen) spätestens durch die erlittenen Grausamkeiten und Schicksalsschläge demütig, wenn nicht sogar gottesfürchtig geworden. Überall in den Trümmerlandschaften Europas gab es neben Blut und Tod auch *Metanoia* zu verzeichnen: Die Bereitschaft zur Umkehr, zum Kniefall vor Gott wurde Teil der europäischen Nachkriegsmentalität, was man zum Beispiel an den Romanen des britischen Romanciers Graham Greene („Das Ende einer Affäre", „Die Kraft und die Herrlichkeit") oder den Filmen des französischen Regisseurs Robert Bresson („Tagebuch eines Landpfarrers", „Pickpocket") erkennen kann, aber auch an der Faszination, die der christliche Glaube selbst auf der Kirche fernstehende Intellektuelle, wie etwa den algerischfranzösischen Existentialisten Albert Camus („Der Fremde", „Der Mythos des Sisyphos"), ausübte.

Das änderte sich jedoch vehement in den 1960er-Jahren: Begleitet von den aufrührerisch-experimentellen Tönen der *Beatles* und der *Rolling Stones*, beschwingt von den vermeintlichen Segnungen der Anti-Babypille und fernöstlicher Drogen, trat in Westeuropa eine neue Generation auf die Bühne, die allen traditionellen Autoritäten Europas den Kampf ansagte: die 68er. Ob staatliche Behörden, ob Gerichte, ob Universitäten oder die Kirche – für die Generation der 68er waren das alles verstaubte Institutionen, die ihrer Ansicht nach mit ihren überlieferten Lehren, Regeln und Werten einer radikalen Veränderung bedurften – bis hin zur Zerstörung. Also zerstörten die westeuropäischen 68er-Studenten, motiviert von den Schriften Lenins und Marx, was Europa bis dahin reich und kultiviert gemacht hatte – von innen und von außen. Mit einem langen Marsch vor und durch die Institutionen. Während ihre osteuropäischen Kommilitonen in der Volksrepublik Polen und der CSSR ironischerweise gegen genau die Institutionen protestierten, die in ihren Ländern Lenin und Marx' bereits mit allen dazugehörigen Repressalien verinnerlicht und umgesetzt hatten – Repressalien, die sich immer wieder mit anti-semitischen und anti-christlichen Zügen mischten.

Was an die Stelle des Traditionellen im Westen konkret treten sollte, war den meisten westeuropäischen 68ern allerdings nicht so ganz klar: Die einen wünschten sich, sozusagen als leicht verzögertes Echo zu 1789, mehr Freiheit (politische und sexuelle Emanzipation), mehr Gleichheit (kommunistische Utopie), mehr Brüderlichkeit („love, peace and harmony"), andere versuchten, das nach den ersten Protesten und Befreiungen schnell aufkommende Sinnvakuum mit spirituellen Trips und indischen Meditationen zu füllen.

Die Kirche und das Christsein jedoch blieben für diese Generation, auch als sie älter und bürgerlicher wurde, so ziemlich das Schlimmste, Langweiligste und Spießigste, was sie sich vorstellen konnte. Besonders unter den katholisch Sozialisierten der 68er, die in ihrer Kindheit und Jugend noch jede Menge religiösen Drill und sogar Prügelstrafen im Namen Jesu einkassiert hatten, blieb die Kirche eine Einrichtung, auf die sie alle ihre unbewältigten Aggressionen und Pubertätsprobleme richten konnten. So sehr sich die Kirche im Zuge des Zweiten Vatikanischen Konzils und der 68er-Bewegung auch aus gewissen Erstarrungen lockerte und sich selbst in einer manchmal zu weitgehenden Assimilierung dem liberalen Zeitgeist öffnete – die Generation der zwischen 1940 und 1960 Geborenen nahm diese Veränderungen größtenteils gar nicht wahr. Für diese *lost generation* blieb die Kirche, besonders auf dem Feld der Sexualmoral, auf welche man sie in Europa nach der Enzyklika „Humanae vitae" reduzierte, die letzte verhasste Bastion des Konservatismus und der Tradition. Der große Freiheits- und Spaßverderber, was auch die schon bald nach '68 auftauchende Frauenbewegung (Feminismus) auf die Barrikaden trieb. Aus deren Einstellung und Agenda zu Partnerschaft, Sexualität und Geburt sollte später eines der Hauptangriffszentren der neuen, modernen Spielart der *Christianophobie* in Europa erwachsen.

„Mein Bauch gehört mir!" – Mit diesem Slogan begründeten die zumeist lesbischen Anführerinnen dieser Bewegung das Recht auf Abtreibung. Ein Anspruch, eine Praxis, die sich – so barbarisch und menschenverachtend sie auf den unbefangenen Beobachter auch wirkt – im Laufe der 1970er- und 1980er-Jahre in allen Ländern Europas auch gegen die allgemeingültige Rechtssprechung durchsetzen sollte und viele Politiker, auch solche, die sich als Christen verstanden, zu – man kann es mit Rücksicht auf das Leben nicht anders ausdrücken – *faulen Kompromissen* in der Liberalisierung dieses Unrechts bewog. Mit dem Ergebnis, dass die Zahl der Abtreibungstoten europaweit in den Jahren 1974 bis 2006 bei über 22 Millionen liegt[3].

Die Entscheidungsfreiheit der Frauen wurde als größer eingestuft als das Lebensrecht der Ungeborenen, der mit Abstand wehrlosesten Gruppe in der Gesellschaft.

---

[3] Diese Zahl stützt sich auf Statistiken der langjährigen Präsidentin der Schweizerischen Vereinigung für Straflosigkeit des Schwangerschaftsabbruchs (SVSS), Anne-Marie Rey. Es fehlen bei diesen Statistiken Abtreibungszahlen aus Großbritannien, Spanien und Osteuropa, sodass die tatsächliche Abtreibungszahl mit Sicherheit noch um einiges höher liegt. Zum Vergleich: Während des 30-jährigen Krieges starben in Europa 9 Millionen Menschen.

Wer gegen diese „Kultur des Todes“ (Johannes Paul II.) die christliche Sexualmoral und das Recht des ungeborenen Lebens, sprich: die „Kultur des Lebens“, setzte und verteidigte und bisweilen sogar den quantitativ leider völlig angemessenen Vergleich zwischen den modernen europäischen Abtreibungsmorden mit der unmenschlichen Massenermordung des „Holocaust“ anstellte, wurde daraufhin nicht nur von emanzipierten Frauenrechtlerinnen aggressiv attackiert, sondern auch von den inzwischen immer liberaler gewordenen Medien Europas, als „ultrakonservativ“ oder „christlicher Fundamentalist“ gebrandmarkt und sozial diskriminiert. Sei es der langjährige Vorsitzende der Deutschen Bischofskonferenz, Kardinal Joseph Höffner (1906–1987), sei es der langjährige Erzbischof von Stettin, Kazimierz Majdanski (1916–2007), der diesen Vergleich immerhin als Dachau-Überlebender anstellte. Die europäischen Eliten verloren auf diesem Gebiet jegliches Unrechtsbewusstsein.

## Die Einsamkeit des öffentlich Gescholtenen – drei prominente Beispiele

In der Bundesrepublik Deutschland gelangte zu Beginn der 1980er-Jahre der mit viel internationaler Erfahrung ausgestattete Bischof von Fulda, Erzbischof Johannes Dyba, mit großem rhetorischen Schwung und beispielhaftem Mut in die Rolle des christlichen Buhmanns – einer Rolle, die vom Standpunkt der Popularität aus gesehen eher undankbar ist, der vom Standpunkt der Ewigkeit, *sub specie aeternitatis*, aus gesehen wahrscheinlich aber eine äußerst prophetische Dimension zukommt[4].

Dyba kritisierte, im Unterschied zu den meisten seiner deutschen und europäischen Amtsbrüder, in klarer Sprache die in allen Ländern zunehmende familiäre und ethische Verwilderung („Single-Gesellschaft“, „wilde Ehe“, „Sterbehilfe“ etc.) und machte besonders auf die paradoxe ge-

[4] In Österreich ist der Salzburger Weihbischof Prof. Dr. Andreas Laun aufgrund deutlicher Kritik an Abtreibungen in diese Rolle gerutscht. Im September 2008 wurde auf anonymen Plakaten in Salzburg zur Gewalt gegen ihn aufgerufen. Laun unterstützt eine Initiative von Christen, die sich regelmäßig vor einer Abtreibungsklinik zum Gebet versammeln.

sellschaftliche Fehlentwicklung aufmerksam, dass sich zwar immer mehr Leute um die Umwelt und einzelne bedrohte Tierarten Sorgen machten, während das Leben der Ungeborenen niemanden in der Gesellschaft, außer einer kleinen christlichen Minderheit, zu kümmern, zu interessieren schien: „Jede Kröte und jeder Igel hat jetzt ein höheres Recht auf Leben als ein ungeborenes Kind.“[5] Worauf Dyba als Zeichen des Protests regelmäßig die Glocken der Fuldaer Bischofskirche läuten ließ.

Auch die ab Mitte der 1980er-Jahre zunehmende Tendenz von Homosexuellen, lautstark und öffentlich gegen das an der natürlichen Schöpfungsordnung orientierte Familienbild der Kirche zu protestieren, rief den von seinem Naturell alles andere als bigotten Bischof auf den Plan. Dyba machte deutlich, ohne Homosexuelle wegen ihrer in den meisten Fällen schuldlos vorhandenen Veranlagung zu verdammen, was aus christlich-biblischer Sicht im Bett für wen erlaubt ist und was nicht – und erntete dafür den Ruf, „intolerant“ und „anti-demokratisch“ zu sein.

Dyba wurde so zur Unperson des öffentlichen Lebens in Deutschland, zum personifizierten christlichen Feindbild, für dessen nicht nur auf der Kanzel, sondern – wahrhaft evangelistisch – auch in Talk-Shows zur besten Sendezeit vorgetragenen, stets an Jesus und der Heiligen Schrift orientierten Statements, sich bezeichnenderweise aber auch viele katholische Kirchgänger schämten, die es – anstelle von christlichen Solidaritätsbezeugungen – vorzogen, auf sichere Distanz zum Fuldaer Erzbischof zu gehen. Im Unterschied zu den Christen des evangelikalen Lagers, die in Dyba schnell einen Verbündeten erkannten.
Die sich ihrer eigenen Toleranz brüstenden Intellektuellen, Politiker, Medienleute des Landes kannten beim „Ayatollah von der Rhön“ kein Pardon. Es wurde deutlich: Alles durfte in der Bundesrepublik gedacht und gesagt werden, aber nur solange es den mittlerweile etablierten Leitlinien der 68er entsprach, der neuen *political correctness*. Einer relativistischen Mischung aus: „Alles ist erlaubt, solange es sich selbst nicht absolut setzt. Nichts *muss*, alles *kann* wahr, aber auch ein bisschen falsch sein.“ Die

[5] Gotthard Klein/Monica Sinderhauf (Hg.), Erzbischof Dyba: „Unverschämt katholisch“. Verlag Franz Schmitt, Siegburg, 2002.

von Dyba offensiv und furchtlos vertretene anspruchsvolle, aber auch die Schwächen des Menschen ernst nehmende Lehre der Kirche, die jahrzehnte-, jahrhundertelang die Tradition und Werte Europas geprägt hatte, passte nicht mehr zu diesen modernen Leitlinien. Dyba setzte alles auf den absoluten Wahrheitsanspruch Christi. Europa begann, sich selbst auf den Kopf zu stellen.

Es zeigte sich aber auch: Die Kirche in Westeuropa wurde ab Mitte der 1980er-Jahre nicht auf einen Schlag, nicht als Ganze attackiert oder verfolgt. Die Toleranz des wertepluralistischen Europas gestattete der Kirche weiterhin eine gewisse Daseinsberechtigung, aber nur, wenn diese sozial aktiv war (Migrantenhilfe, Hospizarbeit) und ansonsten den neuen liberal-abstrakten Wertekatalog der *political correctness* vorbehaltlos nachbetete. Ein Bischof oder christlicher Politiker, der von „Solidarität", „Dialogbereitschaft", „Umweltschutz", „Wertekonsens" sprach – kein Problem! Ein Bischof, der - wie Dyba - sein gutes Image zugunsten der manchmal unbequemen Wahrheit des Evangeliums opferte und religiöse Ausdrücke wie „Sünde", „Beichte", „Umkehr", „Vergebung", „Auferstehung" in den Mund nahm - ein Skandal! Aus diesem Blickwinkel kann man Johannes Dyba, der im Sommer 2000 viel zu früh und sicherlich auch als Folge der vielen persönlich verletzenden Angriffe gegen ihn im Alter von 70 Jahren starb, als das erste prominente Opfer der neuen europäischen *Christianophobie* bezeichnen.

Ein weiteres prominentes Opfer sollte im Herbst 2004 folgen: Diesmal war es kein polyglotter deutscher Erzbischof, der unter Beschuss geriet, sondern ein gediegener italienischer Politiker und Intellektueller, ein vom Innenausschuss des europäischen Parlaments wütend abgelehnter designierter EU-Kommissar für Justiz, Freiheit und Sicherheit: Rocco Buttiglione.

Sein Fall sollte sich in einer Zeit zutragen, die innerkirchlich nicht nur vom absehbaren Pontifikatsende Johannes Pauls II. geprägt war, sondern auch von großer europäischer Freude und Euphorie über die neu beigetretenen EU-Länder wie Polen, Ungarn und Tschechien. Es war jedoch auch die Zeit, als eine neue Kulturbewegung immer spürbarer und sichtbarer anfing, sich in allen bürokratischen Einrichtungen des Kontinents zu etablieren: die „Gender Mainstreaming"-Bewegung, eine Art Frauenbewegung 2.0, deren Motto nicht mehr lautet „Mein Bauch gehört mir!", sondern vielmehr „Mein Geschlecht gehört mir!" Sprich: Nicht die Biologie bestimmt das Geschlecht (Gender), sondern der Mensch selbst – je nachdem, wie er sich selbst denn sozial gerne sehen möchte: als männlicher oder weiblicher Mann, als weibliche oder männliche Frau oder als Transsexueller. Je nach Lust und Laune. Eine bizarre Theorie, deren erste in den Vereinigten Staaten durchgeführte Experimente desaströse Folgen für die Versuchskinder hatten[6] und später von der amerikanischen, bekennenden homosexuellen Philosophin Judith Butler („Das Unbehagen der Geschlechter", „Hass spricht") mit dem französischen Dekonstruktivismus zu einer absolut unlesbaren und für den gesunden Menschenverstand nicht nachvollziehbaren Ideologie aufgeputscht wurde. Mit dem Ergebnis, dass diese unerhörten Anschauungen unter dem Stichwort „Gender Mainstreaming" nun in sämtlichen Dokumenten und Papieren der Familien- und Bildungsministerien Europas kursieren, was die Rechte der Homosexuellen stärkt und das traditionelle Familienbild (Mann, Frau, Kinder) mit pathologischen Alternativen (Mann, Mann, Kind bzw. Frau, Frau, Kind) nicht nur relativiert, sondern gewissermaßen *ad absurdum* führt.

In diesem europäischen Klima also, am 30. Oktober 2004, zog Rocco Buttiglione seine Kandidatur zurück, um – wie er selbst sagte – den Weg für das Team des designierten Kommissionspräsidenten José Manuel Barroso freizumachen. Was war passiert? Der italienische Politiker und Philosoph Buttiglione hatte keinen Fehler begangen, keine Ungeschicklichkeit, es mangelte ihm – wie er als Europa-Minister zuvor bewiesen hatte – auch nicht an Kompetenz für das Amt – es mangelte Buttiglione nur an einem: an der in Brüssel – wie in nahezu allen europäischen Hauptstädten – notwendigen *political correctness.* Es mangelte ihm an Gender-Sensibilität.

Der Innenausschuss des Europaparlamentes hatte Buttiglione Wochen vor seinem freiwilligen Rückzug allein deshalb abgelehnt, weil die Mehr-

---

[6] FAZ, 7. September 2006, „Der kleine Unterschied" von Volker Zastrow.

heit des Innenausschusses mit Stellungnahmen Buttigliones zu Homosexualität und zur Rolle der Frau nicht übereinstimmte. Auf die tribunalmäßig geäußerte Frage der niederländischen Abgeordneten Kathalijne Biutenweg etwa, wie er denn die Rechte von Homosexuellen umsetzen wolle, die in der EU-Grundrechtecharta festgeschrieben seien, hatte Buttiglione geantwortet, dass er Katholik sei und Homosexualität für ihn eine „Sünde" darstelle. Dies sei seine private moralische Überzeugung, die aber keine Auswirkungen auf die Politik habe. Er würde nicht akzeptieren, dass Homosexuelle eine eigene Kategorie seien und dass der Schutz ihrer Rechte auf einer Basis stattfinden solle, die anders sei als für die Europäischen Bürger insgesamt. Es sei seine demokratische Pflicht, die Rechte Andersdenkender und politischer Gegner zu schützen. Dies gebiete die in das Amt des Kommissars eingeschriebene Toleranz und die Freiheit. Die Familie existiere für ihn aber, „um Frauen zu ermöglichen, Kinder zu haben und den Schutz eines Mannes zu haben, der sich um sie kümmert". Eine „traditionelle Sicht" der Familie, wie Buttiglione sich selbst verteidigte. Und eine durchaus legitime, wie man mit Blick auf Europas trostlose demografische Entwicklung denken könnte. Noch dazu in einem sich selbst als tolerant und pluralistisch definierenden Europa.

Doch Anspruch und Wirklichkeit klaffen bisweilen auseinander, besonders seit man auch in den europäischen Ministerien das soziale Geschlecht selbst wählen kann. Eine Diskrepanz, die auch vor den europäischen Medien nicht Halt gemacht hat: Dort war jedenfalls wenig Sachliches zum Rückzug Buttigliones zu hören; in die Meldungen über das Vorgefallene mischten sich bei den eigentlich zur objektiven Ausgewogenheit verpflichteten, öffentlich-rechtlichen Medien Europas dafür erstaunlich wertende, mitunter sogar – in ihrer vernichtenden Aggressivität an Medien in einer Diktatur erinnernde – Passagen. Judith Butler würde sagen, es kam zu Fällen von „Hate Speech" (Hass-Rede).

Zunächst wurde bei manchen Berichterstattern aus Buttiglione ein „umstrittener" und zur „Sturheit" neigender italienischer Politiker, ein „katholischer Hardliner"; dann mischte sich in die Meldungen, dass er einem „ultrakonservativen Familien- und Frauenbild" anhänge und schließlich, dass Buttiglione sich „abfällig" über Homosexualität geäußert habe. *Summa summarum*: Es kam zu einer bewussten Verzerrung des Realen, zur Diskriminierung einer öffentlichen Person aufgrund des christlichen Glaubens dieser Person.

Dabei wäre eine große mediale Diskussion darüber, ob das Verhalten des Innenausschusses angesichts der von Buttiglione geäußerten und auch ausdrücklich so bezeichneten religiösen Privatmeinung und der im Gesetz doch eigentlich fest verankerten Glaubensfreiheit denn rechtens gewesen sei, durchaus angebracht gewesen. Doch die gab es nicht, genauso wenig übrigens, wie es einen öffentlichen Proteststurm von Kirchenvertretern und christlichen Politikern, Mahnmärsche und Gebetsnächte entrüsteter europäischer Christen gab.

Nur hier und da meldete sich ein Kurienkardinal zu Wort, um festzustellen, dass Buttiglione das Opfer eines „exzessiven Laizismus", einer „Verfolgungskampagne" geworden sei. Doch sich laut und energisch gegen diese Kampagne zu stellen, darauf verzichteten diejenigen, die Buttigliones religiöse „Ideen" teilen oder zumindest mit ihren eigenen politisch-konservativen Anschauungen hätten verbinden können.

Buttiglione erlebte – wie vor ihm Bischof Dyba – die Einsamkeit des öffentlich Gescholtenen, weil er es gewagt hatte, seine christliche Position zu Ehe, Familie und Sexualität auszudrücken und diese von der herrschenden liberalen Meinung abzugrenzen. Rocco Buttiglione wurde im Machtzentrum der europäischen Hauptstadt zum Opfer von *Christianophobie*. Er erlebte als katholischer, aber fachlich durchweg aufklärerisch und humanistisch argumentierender Politiker ganz konkret den „sozialen Tod" des europäischen Christen, von dem Johannes Paul II. prophetisch in den 1980ern gesprochen hatte.

Es sollte nicht lange dauern, nur dreieinhalb Jahre, bis eine weitere über die Grenzen eines europäischen Landes hinaus bekannte christliche Symbolfigur das nächste Opfer dieser neuen, von scheinbarer Toleranz, doch einem geradezu fanatischem Selbstgerechtigkeits-Moralismus getragenen europäischen Verfolgungsmentalität, der *Christianophobie*, werden würde. Der Tatort der Verfolgung lag diesmal nicht im konfessionell eher zersplitterten Belgien, sondern ausgerechnet im einstmals als porentief katholisch geltenden Italien. Kein EU-Gebäude stand dabei im Fokus der Aufmerksamkeit, sondern eine Universität – mit dem schlichten, aber im Kontext des Geschehens durchaus makaberen Titel: „La Sapienza" – die Weisheit. Und das Opfer dieser nächsten gewaltigen öffentlich artikulierten *Christianophobie* war diesmal kein Geringerer als Johannes Pauls II. Nachfolger auf dem Stuhl Petri selbst, der auch von protestantischen Christen als versierter Theologe und Wissenschaftler hoch geschätzte Papst Benedikt XVI., der vormals besonders von den deutschen Medien als sogenannter „Panzerkardinal" denunzierte Joseph Ratzinger.

Dieser hatte zu Beginn des akademischen Jahres 2008 seinen lange – auf Einladung des Rektors – geplanten Besuch und Vortrag an der größten Universität Roms kurzfristig wieder abgesagt. Denn – wie es im Vorfeld des Termins immer deutlicher wurde – sahen zahlreiche Professoren und Studenten durch die geplante Rede des Papstes die „Autonomie" dieser weltlichen Universität bedroht. Die Studierenden wollten sogar eine „antiklerikale Woche" an der Hochschule in Rom organisieren. Homosexuelle, kämpferische und politische Proteste waren angekündigt – Proteste gegen den Papst.

Benedikt XVI. blieb – die Weisheit „Der Klügere gibt nach" befolgend – zuhause, während der Vatikan die Rede, die der Papst halten wollte, veröffentlichte. Darin betont das katholische Kirchenoberhaupt den laizistischen Charakter der Universität „La Sapienza", die „einst eine Universität des Papstes" gewesen sei. Heute sei die Hochschule jedoch „frei von politischen und kirchlichen Autoritäten".
Benedikt XVI. bezeichnete es zugleich als Gefahr für die westliche Welt, dass der Mensch wegen „seiner Größe, seines Wissens und seiner Macht vor der Frage der Wahrheit" kapituliere. Die Theologie, deren Botschaft sich an die Vernunft richte, dürfe nicht auf die Privatsphäre einer mehr oder weniger großen Gruppe von Menschen beschränkt bleiben.

Eine Rede, die man zusammenfassend als äußerst zurückhaltend und freundlich formuliertes Angebot bezeichnen könnte, in aller wissenschaftlichen Freiheit über das christliche Wahrheits- und Gottesverständnis nachzudenken, aus dem sich immerhin die rechtliche, kulturelle und zivilisatorische Grundlage Europas entwickelt hat – demokratische Grundrechte wie die Würde der Person, Toleranz, Meinungs- und Gewissensfreiheit.

Von daher gesehen eigentlich eine harmlose Rede, gewiss keine kirchlich-absolutistische Brandrede, doch die Reaktion der Professoren und Studenten zeigte eindrücklich, wie weit entwickelt die Dialogbereitschaft und Debattenkultur bei denjenigen in Europa tatsächlich sind, die tagein tagaus von nichts anderem als Dialogbereitschaft und Debattenkultur reden. Als es wirklich darum ging, die eigene liberale Kultur in einer realen Auseinandersetzung zu beweisen, scheuten die mittlerweile in etablierten Professoren-Positionen sitzenden 68er die Debatte und den Ideenwettbewerb mit der Kirche und waren sich unter Umlaufung ihrer Fürsorge- und Neutralitätspflicht auch nicht zu schade, die junge Generation der Studenten von heute gegen ihr altes Feindbild, besser gesagt: Spukbild, aufzuwiegeln und manipulativ einzuspannen.

Die Italienische Bischofskonferenz (CEI) warf den wissenschaftlichen Agitatoren deshalb völlig zurecht „antidemokratische Intoleranz und kulturelle Abschottung“ vor. Die Einladung der Universitätsleitung an den Papst sei durch „ideologische Gewalt und Streitlust einiger weniger“ vereitelt worden, hieß es in einer Stellungnahme der CEI.

Auch der italienische Staatspräsident Giorgio Napolitano bekundete zusammen mit anderen italienischen Politikern dem Papst sein Bedauern für den abgesagten Besuch. In einem Schreiben verurteilte Napolitano die Proteste, die zu dem Eklat führten, als „intolerant“ und „nicht hinnehmbar“. Zugleich drückte er sein „aufrichtiges, lebhaftes Bedauern“ über die Absage aus.

Immerhin: Am ersten Tag nach der Absage zogen an die 12000 Studenten auf den Petersplatz, um dort mit vielen Schildern und Plakaten ihre Unterstützung und Solidarität mit dem Papst zu bekunden: „Wenn der Papst nicht zur Sapienza kommen kann, kommt die Sapienza zum Papst.“ Zu Beginn des akademischen Jahres der Universität wurden von zahlreichen Sapienza-Studenten Schriftzüge der Solidarität emporgehalten: „Die Stimme des Papstes ist unsere Stimme!" Lebende Beweiskörper zudem, dass sich eine wissenschaftliche Ausbildung und der christliche Glaube sehr wohl vereinbaren lassen.

Doch ist damit alles wieder in Ordnung? Der Friede zwischen Christentum und europäischer Wissenschaft und Forschung wiederhergestellt? Dies anzunehmen, wäre ausgesprochen töricht und naiv. Denn: All die rührenden Beileidsbekundungen und Proteste ändern nichts daran, dass in der postmodernen europäischen Bildung eine Art sozio-kulturelle Prämisse zu existieren scheint, die tief im Erbe der Französischen Revolution verankert ist.

Mögen die ältesten Universitäten Europas auch von christlichen Mönchen und Orden gegründet worden sein, mögen europäische Naturwissenschaftler und Forscher wie Kopernikus, Galilei, Newton, Darwin oder Einstein die Wahrheit oder zumindest die Größe des christlichen Glaubens auch niemals bestritten haben – im kollektiven Bewusstsein herrscht die Überzeugung vor, dass wissenschaftlicher Fortschritt und wissenschaftliche Erkenntnis eine alleinige Errungenschaft der Aufklärung und der Französischen Revolution sind. Errungen im Kampf gegen eine totalitäre, wissensfeindliche Kirche, gegen den Papst, den Vatikan, die bösen Christen. Diese „Diktatur des Relativismus" (Kardinal Ratzinger) definiert sich in klarer Opposition zum christlichen Wahrheitsanspruch. Mit aller Entschiedenheit und manchmal auch fanatisch emanzipiert, befreit.

So bedeutet denn auch in vielen europäischen Ländern der Begriff „frei" – zur Kennzeichnung einer Universität – unausgesprochen so viel wie „nicht-katholisch" oder „nicht-christlich". In solchen freien Universitäten, wie beispielsweise an der „Freien Universität Brüssel", sind die Professoren, die Mitglied einer Fakultät werden, allerdings gezwungen, eine Erklärung zu unterschreiben, mit der sie sich verpflichten, „freie Denker" zu sein. So lässt die Freie Universität Brüssel ihre Professoren in einer „Erklärung über freie Forschung" (2003) Folgendes unterschreiben: „Ich, der Unterzeichnete, erkläre bei meiner Ehre, ein Unterstützer und Anhänger der freien Forschung zu sein, d.h. der uneigennützigen Verfolgung der Wahrheit durch die Wissenschaft, die die Ablehnung jedes Prinzips der Autorität im intellektuellen, philosophischen und moralischen Gebiet impliziert, wie auch die Ablehnung jeder geoffenbarten Wahrheit. Ich erkläre, in Übereinstimmung mit dem oben Gesagten zu handeln."

Daraus lässt sich nicht nur ableiten, dass vom gläubigen Menschen vermutet wird, dass er kein freier Denker sein kann, sprich, nicht die Qualifikation für einen professionellen wissenschaftlichen Beruf mitbringt – ein praktizierender Christ darf diese Stelle auch gar nicht ausüben, da er *sui generis* gegen die „Ablehnung jeder geoffenbarten Wahrheit" verstößt. Freiheit und insbesondere das europäische Recht der Religionsfreiheit stellt man sich irgendwie anders vor.

Drei Beispiele von drei christlichen Prominenten Europas – die symptomatisch zeigen, in was für einem gesellschaftlichen Klima europäische Christen von heute leben und in wie viele eng miteinander verknüpfte Bereiche des öffentlichen Lebens sich die moderne *Christianophobie* heute mittlerweile erstreckt.

Nun könnte man einwenden, dass diese Beispiele alle aus dem katholischen Bereich kommen und dass diese Attacken vielleicht sogar angebracht seien, weil vom Papst und der katholischen Kirche, „Anti-Christ" und „Hure von Babylon", wie die Reformatoren es so herzhaft formulierten, sowieso nichts Gutes zu erwarten sei; doch wie die bereits erwähnte Allianz zwischen Bischof Dyba und den Evangelikalen zeigt, laufen die christlichen bzw. antichristlichen Trennlinien und Kämpfe heute vollkommen anders.

*Christianophobie* richtet sich, wie schon erwähnt, erstens nicht gegen die ganze katholische Kirche, sondern nur gegen solche katholischen Repräsentanten, die sozusagen für die gesunde Lehre („doctrina sana") eintreten, und zweitens auch gegen Christen, die nicht der katholischen Konfession angehören, sondern ihren anglikanischen, evangelischen, orthodoxen oder freikirchlichen Glauben in entschiedener Verbundenheit mit Jesus Christus als ihrem persönlichen Heiland und Erlöser leben. Auch diese Christen sind, genauso wie weniger prominente Katholiken,

Opfer von *Christianophobie* in Europa. Wie wir der Ordnung und der Vollständigkeit halber zeigen werden, gilt dies für alle bereits angerissenen Intoleranz- und Diskriminierungsfelder, die es zurzeit in Europa gibt.

## Das Europäische Christianophobie-Schema

Um die komplexe Intoleranz- und Diskriminierungsdynamik besser zu erkennen und zu verstehen, wollen wir die aktuellen Vorgänge rund um das Thema *Christianophobie* in Europa dabei mithilfe eines Schemas veranschaulichen. Man kann es das „Europäische *Christianophobie*-Schema" nennen.

Es basiert auf der einfachen Frage: *Wer verfolgt wen/was bei welchem Thema mit welchen Methoden?*

Selbstverständlich gibt es in der Realität bei der Einteilung der „Gruppen/Bewegungen" Überschneidungen, sowie es auch bei den angewandten „Mitteln" Überlagerungen gibt. Zur allgemeinen Orientierung ist das Schema dennoch dienlich und aufschlussreich.

## „Europäisches *Christianophobie*-Schema“

| Wer (Gruppen/ Bewegungen) | attackiert/ verfolgt | was/wen | bei welchem Thema | mit welchen Methoden? |
|---|---|---|---|---|
| – „Homo-Lobby“<br>– „Gender“-Bewegung | | – Christliche Werte<br>– Christen | – Familie<br>– Sexualität | – Lobbying<br>– öffentliche Aktionen (Gay-Parade)<br>– Lehrpläne an Schulen und Universitäten<br>– Informationskampagnen<br>– Rechts- und Verwaltungsvorschriften<br>– Kriminalisierung des Widerstandes gegen Homosexualisierung Europas |
| – Private Anbieter<br>– Laizistische Politiker/ Humanistische „Pressure groups“<br>– utilitaristische Mediziner/Krankenhäuser | | – christliche Werte („Kultur des Lebens“) | Bioethik (Abtreibung, Euthanasie) | – sozialer Tod christlicher Lebensschützer durch Keulenworte („Fundamentalist“, „Mittelalter“) |
| „68er“ und ihre Kinder und Enkel in Kultur und Medien | | – christlichen Glauben<br>– christliche Werte | Kultur/Medien | – Verspottung/Karikaturen in TV, Theater, Film und Medien<br>– Propagierung von Multi-Kulturalismus und Konsensdenken |
| – Grüne-Politiker, Liberale Humanistische „pressure groups“: Freidenker, Atheisten, Laizisten | | – christlichen Glauben<br>– christliche Werte<br>– christliche Repräsentanten | Repräsentanz | – Kruzifix-Verbot<br>– Ethik statt Religionsunterricht<br>– Glockenverbot |

Untersuchen wir die vier grundlegenden Strömungen der *Christianophobie* auf Basis der vier thematischen Hauptangriffsflächen nun im Einzelnen:

## Familie/Sexualität

Nach der katholischen Lehre hat – was auch von den orthodoxen Christen bejaht wird – Jesus Christus die Ehe zur Würde eines Sakraments erhoben: „Der Ehebund, durch den Mann und Frau unter sich die Gemeinschaft des ganzen Lebens begründen, welche durch ihre natürliche Eigenart auf das Wohl der Ehegatten und auf die Zeugung und die Erziehung von Nachkommenschaft hingeordnet ist, wurde zwischen Getauften von Christus dem Herrn zur Würde eines Sakramentes erhoben" (CIC can. 1055 §1).

Dieser sakramentale Wert verlangt von den Eheleuten nicht nur die Treue bis zum Tod, sondern auch Offenheit zu Vereinigung und Fortpflanzung. Sprich: Offenheit für Kinder. Eheliche Liebe ist aus christlicher Sicht mehr als ein romantischer *Honeymoon*, sie ist die Basis der Familie, die erste personale Gemeinschaft, in die ein Mensch hineingeboren wird. Weshalb zukunfts-orientierte Gesellschaften die Familie als „fundamentale gesellschaftliche Zelle" definieren und fördern.

Wie man weiß, ist die staatliche Förderungslust in Europa im Zuge der sexuellen Revolution von '68 aber in vielen europäischen Ländern zurückgegangen. Unsere Sozialsysteme sind oft so konzipiert, dass sie Kinderlosigkeit belohnen, Familienbildung und Kinderreichtum aber bestrafen. Mit dem Ergebnis, dass seit mehr als dreißig Jahren die Geburtenraten in Europa katastrophal niedrig sind. 2,1 Kinder wären zum Erhalt eines demografischen Gleichgewichts nötig, doch in Deutschland zum Beispiel werden lediglich 1,36 Kinder pro Frau geboren. In den meisten anderen europäischen Ländern ist es ähnlich. Die Folge: Im Jahre 2050 sind zwei von drei Europäern über 60 Jahre alt - Europa droht die Vergreisung!

Das ist schlimm. Doch da Männer und Frauen auch 12000 Jahre nach Adam und Eva, 400 Jahre nach Romeo und Julia und 20 Jahre nach

Harry und Sally immer noch eine gewisse Anziehungskraft füreinander empfinden, wären alternative Zukunfts-Szenarien bei geschickten politischen Rahmenbedingungen vielleicht doch nicht ganz auszuschließen. Der nächste Baby-Boom im Zeichen einer Agenda 2050? Mehr Kinder bald auch wieder in Europa? Warum nicht? So könnte man ganz unbefangen fragen. Aber die europäische Wirklichkeit enthüllt eine andere Logik. Größtenteils hinter dem Rücken des öffentlichen Bewusstseins ereignet sich in Europa die schon erwähnte Kulturevolution des „Gender Mainstreaming" , die nicht nur das Zeug hat, die Sozialstruktur aller europäischen Gesellschaften in ihrem innersten Kern zu zerstören, sondern damit auch die europäische Geburtenrate auf – 0,8 Kinder zu treiben.

Längst bestimmt „Gender Mainstreaming" die Leitlinien der Politik in den meisten europäischen Staaten, längst wird die biologische Geschlechtsidentität von Mann und Frau von den zumeist homosexuellen Anhängern dieser Ideologie mit staatlicher Unterstützung untergraben bzw. „dekonstruiert".

So war im EU-Vertrag von Amsterdam 1999 (Art. 2 und 3) noch von der „Gleichstellung von Frauen und Männern" und von „der Beseitigung der Ungleichheiten" die Rede; in der EU-Grundrechtscharta von Nizza im Jahr 2000 (Art. 23) ging es dann aber schon um die Sicherstellung der „Gleichheit von Männern und Frauen". Was eine äußerst fragwürdige Bezeichnung ist, denn „gleiche Rechte" von Männern und Frauen sind möglich (und erstrebenswert!), „Gleichheit" von Mann und Frau kann es aus psychologischer, soziologischer und biologischer Sicht jedoch – und das ist gut so – nicht geben.

Doch damit nicht genug: Am 11. Januar 2006 verabschiedete das Europäische Parlament eine „Entschließung zur Homophobie in Europa" (B6-0025/2006), worin das Parlament die Homophobie, also die „Aversion gegen Homosexualität und schwule, lesbische, bisexuelle und transsexuelle Menschen", auf eine Stufe mit Rassismus, Xenophobie und Antisemitismus setzte.

In der Entschließung heißt es: Es seien „sowohl auf EU-Ebene als auch auf der Ebene der Mitgliedsstaaten weitere Maßnahmen notwendig, um die Homophobie auszumerzen“, durch „erzieherische Maßnahmen – wie Informationskampagnen gegen Homophobie in Schulen, Universitäten und den Medien – oder über Rechts- und Verwaltungsvorschriften ...“, durch „äußerst effiziente“ Ahndung. Womit jeglicher Widerstand gegen die aktive Homosexualisierung Europas praktisch kriminalisiert wird. Auch die biblische und kirchliche Lehre zur Homosexualität, die in der praktizierten, also ausgelebten Form eine „Unzucht“ und – wie von Rocco Buttiglione richtig formuliert – eine „Sünde“ sieht, könnte – so gesehen – eines Tages auf den Index der diskriminierenden Weltanschauungen kommen.

Buttiglione immerhin kam 2004 ohne Strafzahlung davon, was ihn von dem französischen Parlamentarier Christian Vanneste unterscheidet, der im Jahr 2006 wegen kritischer Äußerungen zur Homosexualität zu rund 10000 Euro Strafe verurteilt wurde.

Vanneste, von Beruf Philosophielehrer und seit 2002 Abgeordneter der Französischen Nationalversammlung für die Mitte-Rechts-Partei „Union pour un Mouvement Populaire“, hatte gegen die Einrichtung einer neuen Behörde, der sogenannten „Haute Autorité de Lutte contre les Discriminations et pour l'Egalit“ (Hochkommission zum Kampf gegen Diskriminierungen und für die Gleichheit) protestiert. Im Januar 2005 erklärte Vanneste in der Tageszeitung „La Voix du Nord“: „Ich sage nicht, dass die Homosexualität gefährlich ist. Ich sage, dass sie der Heterosexualität unterlegen ist. Wenn Homosexualität allgemein wäre, wäre sie für das Überleben der Menschheit gefährlich.“ Im Februar 2005 wiederholte sich Vanneste in der Tageszeitung „Nord Eclair“: „Ich kritisiere homosexuelle Verhaltensweisen. Ich sage, dass sie moralisch unterlegen sind.“ Drei Homosexuellen-Organisationen erstatteten daraufhin Anzeige: „SOS Homophobie“, „Act Up – Paris“ und das „Syndicat National des Entreprises Gay“ (Nationale Vereinigung homosexueller Unternehmen). Der erste Prozeß fand 2005 vor dem „Tribunal correctionel“ von Lille statt, die drei Organisationen traten als Nebenkläger auf. In erster Instanz wurde Vanneste zu 3000 Euro Strafe verurteilt. Jedem der drei Nebenkläger musste er 2000 Euro für deren Kampf gegen die Homophobie sowie

1000 Euro Anwaltskosten bezahlen. Außerdem musste Vanneste seine Verurteilung auf eigene Kosten in mehreren großen Zeitungen veröffentlichen – darunter „Le Monde", „L'Express" und „La Voix du Nord". Der Philosophieprofessor legte Berufung ein.

Die zweite Verhandlung fand im Dezember 2006 am Cour d'Appel in der Stadt Douai statt. Die empörte Generalstaatsanwältin Catherine Champrenault erklärte in der Sitzung zu Vannestes Darlegungen: „Das sind schreckliche Worte, die weh tun." Sie beantragte dieselbe Strafe. „Diese Worte sind seit dem 30. Dezember 2004 illegal."

Als Vanneste seine Äußerungen zur Homosexualität am 6. Juli 2006 in einer Rede vor der Nationalversammlung wiederholte, attackierte Vannestes eigener Parteikollege Jean-Luc Roméro ihn: „Ich kann nicht akzeptieren, dass ein Abgeordneter ungesetzliche Dinge sagen und beliebig wiederholen darf." Am 25. Januar 2007 schließlich wurde das Urteil gegen Vanneste bestätigt. Allerdings musste er jetzt 1500 Euro Anwaltskosten für jede Homosexuellen-Organisation bezahlen. Das Urteil war rechtskräftig. Doch Vanneste verweigerte die Zahlung und brachte den Fall vor den „Cour de cassation", das höchste französische Zivilgericht. Seine Verteidigung: Ein Parlamentarier sei Teil der nationalen Souveränität, seine Rede- und Meinungsfreiheit sei ein Grundbestandteil von Demokratie und Rechtsstaat. Der Gerichtshof stimmte ihm überraschend zu und hob das Urteil am 12. November 2008 auf. Der Politiker habe mit seiner Äußerung die Grenzen der Meinungsfreiheit nicht überschritten. Wenn auch mit der Äußerung Befindlichkeiten mancher homosexueller Personen verletzt worden sein könnten, überschreite ihre Äußerung doch nicht die Grenzen der Meinungsfreiheit. Doch ob damit endgültig wieder Friede und Vernunft eingekehrt sind, steht auf einem anderen Blatt. Die Rechtsanwältin der drei klagenden Organisationen, Caroline Mécary, erwägt inzwischen, den Fall vor den Europäischen Gerichtshof für Menschenrechte zu bringen.

Ein absurder Fall? Ein bizarrer Film wie die polnische Science-Fiktion-Komödie von 1985, „Sexmisja" (Sexmission), bei der zwei Männer von regierenden homosexuellen Frauen mit Gewalt zu einer Geschechtsumwandlung getrieben werden? Ganz und gar nicht. Dabei ist der Fall Vanneste noch längst nicht der Gipfel der bisher angewandten homosexuellen Ausmerzungsmethoden im Zeitalter der europäischen Toleranz und des Wertepluralismus: Im Jahr 2007 wurde der anglikanische Bischof von Herford, Anthony Priddis, zu einer Strafe von über 60000 Euro und zur Absolvierung eines „equal opportunities training" verurteilt, früher in den totalitaristischen Staaten sagte man dazu „Umerziehungslager", weil er einen homosexuellen Bewerber für eine Stelle in der Jugendseelsorge abwies. Nicht die sexuelle Orientierung des Bewerbers, so Bischof Priddis, sei dabei ausschlaggebend gewesen, sondern die christliche Sexualmoral. Riddis habe dem Bewerber, dem 42-jährigen John Reaney, klar gemacht, dass niemand, der in einer sexuellen Beziehung außerhalb der Ehe lebe, was bei Reaney der Fall war, egal ob hetero- oder homosexuell, für diesen Posten geeignet sei. Der Bewerber klagte daraufhin vor dem Arbeitsgericht von Cardiff, weil er sich diskriminiert sah, und bekam Recht. Das Gericht bezog sich auf ein Gesetz, dass arbeitsrechtliche Benachteiligungen aufgrund von sexueller Orientierung verbietet. Die den religiösen Organisationen zugebilligten Ausnahmen träfen in diesem Fall, so das Gericht, aber nicht zu. Neben dem Bischof mussten sich auch die Angestellten der Diözese dem „equal opportunities training" unterziehen.

Man sieht: Der Siegeszug des Gender Mainstreaming in Europa ist bahnbrechend. Er zwingt sogar einen christlichen Arbeitgeber zu einer Aufweichung der eigenen Statuten, was ungefähr das Gleiche ist, als wollte man von „Greenpeace" verlangen, die Meeresverschmutzung zu akzeptieren und sogar aktiv zu verstärken, oder von „Amnesty international", neben jedem internationalen Büro ein Gefängnis aufzumachen, weil der Einsatz für politisch Verfolgte gleichzeitig die Täter diskriminiere und man dafür Buße zu leisten habe.

An den meisten Universitäten der westeuropäischen Länder werden inzwischen die sogenannten „Gender-Studies" (Gender Studien) gelehrt. In allen staatlichen Bürokratien und Institutionen gibt es mittlerweile Gender-Beauftragte. In zahlreiche internationale Gender-Projekte fließen große Finanzmittel der EU und der EU-Mitgliedsstaaten.

Die eigentlich Auseinandersetzung wird aber, wie bei allen Ideologien, um die nächste Generation geführt. In diesem Zusammenhang kommt dem Sexualkundeunterricht eine entscheidende Bedeutung zu. In Wort und Bild werden Kinder schon in der Grundschule durch die offiziellen Lehrpläne zur Früh-Sexualität in jeder beliebigen Variante animiert. Auch das im Schulunterricht vermittelte Familienbild hat durch „Gender Mainstreaming" eine erstaunliche Revision erfahren, wie im Jahr 2008 die in Deutschland lebende Polin Ewa Krupecka in einem Leserbrief an das polnische katholische Magazin „Gość" berichtete: Ewa Krupeckas Sohn besucht die zweite Kasse einer katholischen Grundschule in Hamburg. Wie Krupecka schreibt, fand sie bei der Überprüfung der Hausaufgaben ihres Sohnes in einem Lesebuch eines Tages einen interessanten Text. Unter der Frage „Was ist Familie?" wurden drei Antworten präsentiert: Ein Kind mit einem Mann und einer Frau, ein Kind mit zwei Männern sowie ein Kind mit zwei Frauen. Die richtige Antwort stand ebenfalls im Buch: „Alle Antworten sind richtig. Die Familie ist eine Gruppe von Menschen, die sich lieben."

Ewa Krupecka, so schreibt sie, ging daraufhin zur Klassenlehrerin, um zu erkunden, wie sich solche Lehrinhalte mit dem katholischen Glauben vereinbaren ließen, der doch das Fundament der Schule sei und ein anderes Familienbild vertrete. Die Reaktion der Lehrerin war eindeutig: „Unser Schulprogramm steht nicht im Widerspruch zu den Zehn Geboten. Wir versuchen, verschiedene katholische Richtungen zu verbinden, und können unsere Augen nicht vor anderen Werten verschließen." Als Krupecka bei anderen Eltern um Unterstützung bat, wurde ihr vonseiten der Schule unmissverständlich nahegelegt, mit dem Wirbel und der „Verwirrung" aufzuhören, ansonsten müsse ihr Sohn bald die Schule verlassen. Ein Priester, den Krupecka daraufhin aufsuchte, riet ihr, sich wieder zu „beruhigen".

Ewa Krupecka, im Angesicht von so viel Kniefällen deutscher Katholiken vor dem neuen Homophilie-Trend, möchte nun in ihr Heimatland Polen zurückkehren, wo die Welt, wie sie schreibt, noch katholisch und in Ordnung sei. Doch längst haben Homosexuelle auch in Polen den öffentlichen Raum erobert und treten mit lauten Forderungen in die Schlagzeilen. Nachdem im Frühjahr 2008 zum ersten Mal eine sogenannte, aus Westeuropa importierte „Gay-Pride-Parade" in Warschau stattfinden durfte, – die Präsidentin der Stadt, Hanna Gronkiewicz-Waltz, eine ausgebildete Theologin –, hatte es im Unterschied zum Vorgänger erlaubt, wurde Ende Oktober desselben Jahres eine Woche lang beim „Festival der Regenbogenfamilie" in Warschau weitergefeiert – mit viel Show, Spaß, Filmen und Musik und einiger handfester juristischer Munition von schwulen Anwälten. Denn: In Workshops wurden die Teilnehmer gezielt weitergebildet, um auf eine Erweiterung des Eherechts in Polen für Homosexuelle hinzuwirken und auch, um das Adoptionsrecht für homosexuelle Paare zu lockern.

Für große Empörung in der polnischen Kirche und in manchen Teilen der Medien haben jedoch andere Ereignisse gesorgt. Zum Beispiel die Verleihung der sogenannten „Gala-Rose" an das „schönste Paar des Jahres". Die Leserinnen des vom deutschen Verlag „Gruner und Jahr" herausgegebene Frauen-Lifestyle-Magazin „Gala" würdigten damit zum ersten Mal nicht ein heterosexuelles Paar, wie sonst üblich und für Frauenmagazine eigentlich naheliegend, sondern den in Polen bekannten Filmkritiker Tomasz Raczek und seinen jüngeren Freund Mariusz Szczygielski. Die Verleihung fand im Warschauer Nationaltheater statt und wurde vom öffentlich-rechtlichen Fernsehen übertragen. Dies sei eine „Manifestation dafür, dass Polens Aufholjagd in Europa erfolgreich" sei, jubelten die liberalen Berichterstatter, während Vertreter der konservativ-katholischen Kreise empört ihre Fernsehgebühren zurückforderten. Eine schwule Gala-Rose zur besten Sendezeit, das war ihnen zu viel des Unguten.

Besonders klar und deftig war die Reaktion des Warschauer Provinzials der Jesuiten, Dariusz Kowalczyk, auf die „Gala-Rose 2008". Er merkte in einer Kolumne für das katholische Magazin „Idziemy" an: „Toleranz darf nicht mit Akzeptanz verwechselt werden. Ich bin tolerant, aber alles in mir sagt, dass zwei männliche Körper, die sich sexuell vereinigen, nicht schön aussehen. Ich finde es unverantwortlich, dass das öffentlich- rechtliche Fernsehen einen solchen Mist überträgt. Ich glaube auch nicht, dass es eine mutige Entscheidung von ‚Gala' war, wie manche sagen, dieses

Paar zu küren. Eine mutige Entscheidung wäre es gewesen, den Rosenkranz zu beten!"

Den beten polnische Katholiken jetzt für oder vielmehr gegen das schwedische Möbelhaus Ikea, das in der polnischen Ausgabe der Kundenzeitschrift „Ikea Family Live" unter dem Motto „Familienleben verändert sich" zum Jahreswechsel 2008/2009 20 Familien präsentierte. Eine dieser Ikea-Familien besteht aus zwei Männern, Ian und Steve. Das homosexuelle Paar sitzt in einer Ikea-Wohnküche beim Mittagessen und philosophiert über Kinder, Küche und Kräuter. Die Kundenzeitschrift wurde an 200 000 Polen verschickt. Seitdem hagelt es von katholischer Seite Kritik. Die manchmal etwas zu aggressive, katholische Monatszeitschrift „Fronda" rief zum Boykott von Ikea-Produkten auf. Was bei vielen Katholiken Polens jedoch auf eine zwiespältige Reaktion stieß. Zwar teilen viele die Meinung von „Fronda" und glauben, dass Homosexualität nicht zelebriert, sondern als psychische Krankheit therapiert werden sollte auf Einkäufe bei Ikea zu verzichten, kommt jedoch für die meisten nicht in Frage.

Polnische Homosexuelle lesen die Kundenzeitschrift natürlich anders. Sie freuen sich über den Vorstoß des Möbelhauses. Von Robert Biedron, dem Leiter einer Kampagne gegen Homophobie, wird der Text der Kundenzeitschrift als wichtiger Schritt auf dem Weg zur Gleichstellung von Homosexuellen in Polen gewertet. Weitere Stärkung der Rechte Homosexueller erwartet er von der Regierung Donald Tusks, die im Unterschied zur Vorgängerregierung darauf bedacht sei, dass Polen als modernes westliches Land in Europa wahrgenommen werde. Ewa Krupecka sollte sich ihre geplante Rückkehr ins gelobte katholische Land Polen also noch einmal überlegen.

Zu einer der größten Schizophrenien des „Gender Mainstreaming", egal in welchem europäischen Land es auftritt, gehört zweifellos, dass von ihren Vertretern die traditionelle, christliche Ehe zwischen Mann und Frau bekämpft wird, während die homosexuelle Lebensgemeinschaft gesetzlich in den Rang der Ehe erhoben werden soll. Das kann zu paradoxen Diskriminierungsentwicklungen bis hin zur globalen politischen

Ebene führen, wie man es Ende 2008 im Zusammenhang einer EU-Initiative bei den Vereinten Nationen (UN) erleben konnte. Frankreich, damals im Rang der EU-Präsidentschaft, hatte eine Deklaration bei der UN eingebracht, bei der es nicht nur um Straffreiheit für Homosexuelle weltweit ging, sondern auch um die Gleichstellung aller sexuellen Orientierungen. Eine solche Gleichstellung, kritisierte der Vatikanvertreter bei den Vereinten Nationen, Erzbischof Celestino Migliore, im Interview mit der katholischen französischen Nachrichtenagentur (I. Media) aber entschieden, denn – so seine schlüssige Argumentation – eine derartige Gleichstellung könne *de facto* zur Diskriminierung derjenigen führen, die – wie zum Beispiel die Kirche – für eine Priviligierung der Ehe zwischen Mann und Frau als grundlegender Form des sozialen Lebens eintreten, da diese Haltung dann als den *neuen* Menschenrechten entgegengesetzt angesehen werden könnte.

Homosexuellenverbände in Italien und anderswo liefen Sturm. Die Zeitungen schossen sich auf die „Intoleranz" gegenüber Homosexuellen und die „Homophobie" der Kirche ein. Ein „Transgender" und ehemaliger Politiker der linksextremen Splitterpartei „Rifondazione Comunista", die den Sprung ins italienische Parlament 2008 nicht geschafft hatte, verstieg sich zu der Aussage, dass er/sie immer noch auf ein „Mea Culpa" der Kirche „für die Scheiterhaufen des Mittelalters" warte.

Man sieht: Mit „Gender"-Vertretern ist die Kommunikation schwierig, wenn nicht unmöglich: Sie hören nicht genau zu und versteigen sich in Anbetracht der Kirche gerne in fanatische Klischees. In Deutschland ist der schwule Grünen-Politiker Volker Beck dafür bekannt, jede Äußerung des Papstes kritisch auf ihre *political correctness* zu überprüfen und – ohne dass ihn jemand darum gebeten hätte – sein *Nihil obstat* zu geben. Was allerdings auch nur selten der Fall ist. Ein irrer Witz, könnte man denken, eine spätpubertäre Tollheit. Doch über eine solche Hybris und arrogante Anmaßung einfach zu lachen oder den Kopf zu schütteln, kann für Christen und andere mit gesundem Menschenverstand Gesegnet *in realitas* mittlerweile ernsthafte Konsequenzen haben: Zum Beispiel, wenn es um staatliche Unterstützungsgelder für christliche Einrichtungen geht.

Das mussten die Betreiber eines christlichen Pilgerhauses in Egremont Place/Brighton in Großbritannien zu Beginn des Jahres 2009 erleben, nachdem sich die im Haus lebenden Senioren, allesamt pensionierte anglikanische Missionarinnen und Missionare im Durchschnittsalter von 85 Jahren, geweigert hatten, einen Fragebogen des Stadtrates von Brighton auszufüllen. Die Missionarinnen empfanden es als aufdringlich, Fragen zur sexuellen Orientierung auszufüllen, sprich: ob sie „schwul", „lesbisch", „bisexuell", „transgender" oder „unsicher bezüglich ihrer sexuellen Vorlieben" seien. Darauf strich der Stadtrat die staatliche Förderung von 13.000 Pfund für das Pilgerhaus und begründete diesen Schritt mit den von der Labour-Regierung eingeführten „Equality legislation and Sexual Orientation Regulations" (Gleichheitsordnung und Regulierungen zur sexuellen Orientierung). Das Pilgerhaus habe keine Bereitschaft gezeigt, dass es „offen für Homosexuelle" sei, rechtfertigte ein Sprecher des Stadtrats die Kürzungen weiter. Es herrsche dort eine „institutionalisierte Homophobie". Was wohl heißen soll, dass die immer weiter um sich greifenden „Homosexuellen-Rechte" wichtiger zu bewerten sind als das Recht von alten, verdienstvollen christlichen Missionaren und Missionarinnen auf einen ruhigen Lebensabend vor der Begegnung mit ihrem Heiland.

Doch die Kürzung von staatlichen Mitteln kann auch solche christlichen Einrichtungen treffen, die offensiv und einfühlsam mit dem Phänomen „Homosexualität" umgehen, indem sie therapeutische Wege der Heilung bieten, wie zum Beispiel die evangelikale Stiftung „Unser Weg", die seit 25 Jahren in Holland existiert. Mit viel Erfolg gelingt es dort den sehr gut qualifizierten und gläubigen Mitarbeitern, Homosexuelle, die freiwillig kommen, von dieser sexuellen Orientierung zu heilen und ein befreites Leben als Christen zu führen. Im Jahr 2008 strich der niederländische Minister für Bildung, Kultur und Wissenschaft, Ronald Plasterk, die jährlich gezahlten 50000 Euro staatliche Hilfe für die Einrichtung. Seine Begründung: „Zu den Aktivitäten dieser Stiftung gehört auch die Heilung von Homosexuellen, was unzulässig ist und gegen die Idee der Gleichberechtigung verstößt."[7] Doch Plasterk will die Türen nicht ganz

---

[7] Beim San-Remo-Musikfestival 2009 will der italienische Liedermacher „Povia" mit dem

zuschlagen: Das Geld könne gezahlt werden, so verspricht er, wenn die Stiftung bereit sei, „eine offene Diskussion über Homosexuelle in der christlichen Kirche zu führen“. Zynischer kann man mit dem christlichen Glauben und seinem Heilungspotential wohl nicht umgehen. Noch dazu wird der Moralkodex der Christen offenbar als etwas betrachtet, was man durch die Beliebigkeiten des Zeitgeistes jederzeit neu formen und ersetzen kann.

Man sieht an all diesen Beispielen: Gender Mainstreaming ist eine ideologische Bewegung mit totalitärem Anspruch, welche die sowieso schon weit fortgeschrittene Familienzerstörung weiter vorantreibt. Zu hoffen, dass mit dem Kampf der Gender-Vertreter, das Adoptionsrecht für homosexuelle Paare die demografisch dunkle Zukunft Europas zu retten ist, wäre allerdings naiv. Vielmehr warten neue Kosten für die europäischen Staaten, um all den seelisch desorientierten Kindern zu helfen, die vor lauter doppelten Väter und Müttern nicht mehr wissen, wer sie eigentlich sind und wie man eigentlich leben soll[8].

Es ist, wenn man all diese Fakten und Beispiele rund um diese moderne Frauen- bzw. Homosexuellen-Bewegung zusammenfügt, sicherlich zulässig und geboten, dass sich europäische Christen – zusammen mit Johannes Paul II. – fragen, „ob nicht hier – vielleicht heimtückischer

---

Lied „Luca era gay“ („Luca war schwul“) auftreten. Die Ankündigung des Liedes führte bei zahlreichen Homosexuellen-Verbänden zu Protesten, die von der RAI eine Absage des Auftritts fordern. Im Juli 2005 gab Povia, der sich selbst als gläubig bezeichnet, zu, dass er eine Zeit lang schwul gewesen sei. Doch das sei jetzt vorbei, denn „Schwulsein ist nicht angeboren“.

[8] Als die Bischofskonferenz der römisch-katholische Kirche in Schottland Anfang 2009 die Überzeugung verbreitete, es gebe Beweise, dass gleichgeschlechtliche Partnerschaften zwingend instabil sind und die Lebenserwartung der Beteiligten deutlich herabsetzen können, löste sie damit im Land eine mediale Empörung aus. Der Sprecher der Bischofskonferenz, Peter Kearney, ließ diese Stellungnahme verlautbaren, nachdem zwei Kinder in Schottland von einem homosexuellen Paar adoptiert werden durften, während den Großeltern erklärt wurde, sie seien zu alt für eine Adoption. Kearney: „Das ist eine Katastrophe. Die Kinder werden leiden und Schäden davontragen. Da hat eine Behörde der politischen Korrektness den Vorrang gegeben, anstatt vernünftig im Sinne der Kinder zu entscheiden. Ich kann beim besten Willen nicht erkennen, was hier zum Wohle der Kinder sein soll.“

und verhohlener – wieder eine neue Ideologie des Bösen am Werk ist, die versucht, gegen den Menschen und gegen die Familie sogar die Menschenrechte auszunutzen“.[9]

## Bioethik (Abtreibung, Euthanasie)

Auch wenn Krzysztof Kieślowski zur Kirche als Institution generell eher Distanz hielt, so erkannte er ihr und dem Papst dennoch eine historische Rolle in der Schaffung eines Wertebewusstseins zu: „Wenn beispielsweise zwischen dem Polieren der Fingernägel und dem Abbruch einer Schwangerschaft kein Wertunterschied mehr empfunden werden darf, wie das gesetzliche Bestimmungen, die bei uns unter kommunistischer Federführung zustande gekommen sind, nahelegen, dann ist es die Pflicht der Kirche und des Papstes, sich gegen solch banalisierende Verflachungen und Verblödungen zu wehren.“[10]

Wie man weiß, hat sich die Kirche – angeführt vom polnischen und jetzt vom deutschen Papst – dagegen gewehrt, nicht nur in Polen und nicht nur bei Bestimmungen, die unter kommunistischer Federführung zustande gekommen sind, sondern auch in Westeuropa, wo die Vernichtung sogar von demokratisch gewählten Parlamenten beschlossen worden ist und in denen man sich auf den zivilen Fortschritt der Gesellschaften und der gesamten Menschheit beruft.

Die Kirche hat sich gewehrt: Päpste, Bischöfe und Laien haben sachlich und leidenschaftlich daran erinnert, dass Abtreibungen schwere Übergriffe gegenüber unschuldigen, menschlichen Wesen sind und dass Parlamente, die Abtreibungsgesetze approbieren und erlassen, eindeutig ihre Kompetenzen überschreiten und in offenen Konflikt mit dem Gesetz Gottes und mit dem natürlichen Gesetz treten.

---

[9] Johannes Paul II., „Erinnerung und Identität. Gespräche an der Schwelle zwischen den Jahrtausenden. Weltbild 2005, S. 26.

[10] Ambros Eichenberger, „Ich habe zehn Filme über unsere Zeit gemacht“. Interview mit Krzyztof Kieslowski, ZOOM 9/90, S. 33.

Doch nach all den Jahren des Protests und der Intervention scheint es heute, am Anfang des 21. Jahrhunderts, als würden Christen bei diesem Menschenrechtsthema erster Klasse immer stärker gegen eine Mauer des Desinteresses und des Schweigens laufen. Das Emanzipationsrecht der Mütter wird höher eingestuft als das Recht auf Leben beim Fötus. Mit dem Ergebnis, dass allein in Deutschland in den vergangenen dreißig Jahren 8 Millionen Kinder abgetrieben worden sind. Tendenz steigend.

Doch es gibt bei diesem Thema nicht nur eine Mauer des Schweigens – Christen, die sich in Europa für das Lebensrecht stark machen, geraten auch schnell in den Verdacht, christliche Fundamentalisten oder militante Fanatiker zu sein, die einer ewig-gestrigen Leitkultur anhängen. Eine Form der sozialen Diskriminierung, auf die nicht selten harte Sanktionen folgen.

Das musste zum Beispiel im Mai 2006 ein Mann in England erleben, Ed Atkinson, der mit einem Foto und einem Video bei der Leiterin des Queen Elizabeth-Hospital in King's Lynn, Norfolk, gegen Abtreibung protestiert hatte. Was war das Ergebnis? Die Klinikleiterin rief die Polizei und der Lebenschützer musste für einen Monat ins Gefängnis! Dazu wird ihm seitdem ärztliche Hilfe untersagt, es sei denn er gerät in Lebensgefahr. Auch abtreibungskritische Ärzte und Krankenschwestern haben oft mit Diskriminierung zu kämpfen.

Längst sind Abtreibungspraktiken schließlich auch an katholischen und evangelischen Krankenhäusern Europas keine Seltenheit mehr, und wer sich als christlicher Arzt bewusst dagegen ausspricht und seine Teilnahme an einer solchen Handlung verweigert, riskiert, von den Kollegen und dem Personal erst misstrauisch angesehen zu werden und dann vielleicht sogar seine Stelle zu verlieren – natürlich nicht mit der offiziellen Begründung, dass er oder sie gegen Abtreibung sei, sondern unter einem anderen, oft fadenscheinig gesuchten Grund.

Auch als christlicher Politiker kann man beim Thema Abtreibung und zu viel Engagement auf diesem Gebiet schnell einen Karrierestopp erleben. Mag man der eigenen Partei zunächst noch als Feigenblatt für eine an sich abtreibungsfreundliche Politik dienen, als Alibi-Politiker, um auch das Klientel der konservativen Wähler zu erreichen, so können einem ab einer gewissen Zeit immer mehr innerparteiliche Restriktionen begegnen: Das Thema eigne sich nicht für den Wahlkampf, heißt es dann, oder sei zu sensibel; außerdem, so die verständnisvollen Parteikollegen, dürfe man sich nicht zu sehr in die Privatsphäre der Menschen einmischen.

Das tat zu Beginn des Jahres 2008 allerdings der Ministerpräsident von Sachsen-Anhalt, Wolfgang Böhmer. In den 70er-Jahren als Chefarzt einer Entbindungsklinik in der DDR tätig, hat Böhmer selbst mit dem Thema Abtreibungen einschlägige Erfahrungen gemacht. Nachdem, wie die Presse mit großen Schlagzeilen berichtete, zum x-ten Mal in Ostdeutschland eine Mutter ein neugeborenes Kind ausgesetzt hatte, sah es Böhmer als seine christliche, demokratische und medizinische Pflicht an, das Thema Abtreibung und die Verrohung der sittlichen Mentalität von jungen Eltern, in einem Interview mit dem Nachrichtenmagazin „Focus" zu verknüpfen. Seine These: Es besteht ein Zusammenhang zwischen den vielen aktuellen Kindstötungen in Ostdeutschland und der Abtreibungsmentalität in der früheren DDR.

Eine These, über die man zumindest nachdenken kann, zumal sie von einem Mann mit konkreter, praktischer Erfahrung geäußert wurde, doch nachdenken wollte in Deutschland niemand – jedenfalls nicht zu diesem Thema.

Außer vonseiten der Kirche und der Lebensschutzverbände hagelte es für Böhmer von überall her wütende Proteste und Entrüstung. So forderte der Beauftragte der Bundesregierung für die neuen Länder, Verkehrsminister Wolfgang Tiefensee (SPD), bekannt als engagierter Katholik, Böhmer auf, seine Äußerungen „unverzüglich zurückzunehmen und sich bei den jungen Eltern zu entschuldigen". Die FDP-Vorsitzende in Sachsen-Anhalt, Cornelia Pieper, bezeichnete Böhmers Aussagen als „Humbug". Die Grünen-Chefin Petra Roth forderte gegenüber der links-alternativen „die tageszeitung" sogar Böhmers Rücktritt. Er verunglimpft, so Roth, „pauschal alle ostdeutschen Frauen und stellt Abtreibung auf eine Stufe mit der Ermordung von Kindern". „Frau zu sein und in der DDR gelebt zu haben, reicht ihm als Begründung für Misshandlung und Mord. Das ist absolut nicht hinnehmbar", sagte sie. Auch in Böhmers eigener Partei wurde Kritik laut. Von „zu pauschalen Aussagen" war die Rede.

Und Böhmer? Er entschuldigte sich zunächst, es sei nicht seine Absicht gewesen, junge Mütter zu verletzen, bekräftigte dann aber seine Ansicht, dass sich in der DDR nach der Legalisierung der Schwangerschaftsabbrüche ein unbekümmerter Umgang mit werdendem menschlichem Leben eingebürgert habe. Er sprach sich deshalb für die Verabschiedung eines neuen Kinderschutzgesetzes aus. Doch diese Worte zählten bereits nicht mehr. Das Thema war durch. Die Konsensgesellschaft, die sich darin einig ist, dass Abtreibung ein Menschenrecht ist und kein Verstoß desselben, hatte wiedermal ein Opfer gefunden. Stünde Böhmer mit Anfang siebzig nicht sowieso vor der Pensionierung als Ministerpräsident, er hätte sich mit Blick auf seine weitere politische Karriere mit Sicherheit radikaler entschuldigen müssen – ansonsten wäre ihm nur der Rücktritt geblieben.

Zu einem solchen Schritt sah sich denn ausgerechnet der wahrscheinlich frömmste unter den europäischen Monarchen des 20. Jahrhunderts, Baudouin I., König von Belgien, gezwungen, als er sich 1990 weigerte, ein Gesetz zur Liberalisierung des Abtreibungsgesetzes zu unterzeichnen. Diese Unterzeichnung des Monarchen als Staatsoberhaupt ist in der Parlamentarischen Monarchie Belgien notwendig, damit ein Gesetz rechtskräftig werden kann. Einige Monate zuvor hatte Baudouin bereits erklärt: „Das Kind bedarf wegen seiner körperlichen und intellektuellen Unreife eines besonderen Schutzes und einer besonderen Fürsorge, insbesondere eines geeigneten juristischen Schutzes vor wie nach der Geburt."

Die belgische Regierung hatte für Baudouins religiös motivierte Haltung Verständnis, ließ sich von den aristokratischen Skrupeln jedoch nicht aufhalten. Sie erklärte Baudouin am 4. April 1990 einfach für regierungsunfähig und übernahm selbst die Funktion des Staatsoberhauptes. Nachdem alle Regierungsmitglieder das Gesetz unterzeichnet hatten und die Abtreibung somit legalisiert war, erklärte die Regierung am nächsten Tag, dem 5. April 1990, Baudouin I. gnädigerweise wieder für regierungsfähig.

Ein ähnlicher Konflikt zwischen einer rein pragmatisch denkenden, moralisch sehr selbstsicher auftretenden, demokratisch gewählten Regierung und einem gewissenhaften christlichen Monarchen konnte man Ende 2008 auch in einem anderen europäischen Land erleben – nämlich in Luxemburg. Dort war der Stein des Anstoßes allerdings nicht das Thema Abtreibung, sondern das andere große bioethische Diskussionsthema der Gegenwart: die „aktive Sterbehilfe", wie man so mitfühlend sagt, oder besser ausgedrückt: die Euthanasie.

In Luxemburg hatte der Großherzog Henri dem luxemburgischen Premierminister Jean-Claude Juncker, wie Anfang Dezember 2008 bekannt wurde, mitgeteilt, dass er die Unterschrift unter das geplante und kurz vor der zweiten Abstimmung stehende Euthanasiegesetz aus Gewissensgründen verweigern werde. Tatsächlich stimmte das Parlament mit knapper Mehrheit dem Euthanasiegesetz dann auch zu. Die Regierung und die Fraktionspräsidenten von vier der fünf im Parlament vertretenen Parteien verständigten sich daraufhin, die Verfassung zu ändern.

Mit dem Ergebnis, dass Großherzog Henri Gesetze in Zukunft nicht mehr zu „billigen" braucht, denn künftig genügt es, wenn er sich auf das bloße „Verkünden" von Gesetzen beschränkt. Vom Kontrolleur zum Lautsprecher! Ein Kompetenzverlust, der zeigt, wie selbstherrlich die modernen Demokraten Europas mittlerweile agieren. Als wäre der sittliche Charakter eines Gesetzes allein schon dadurch garantiert, dass es die Überzeugung der Mehrheit widerspiegele.

Unmittelbar vor der Abstimmung des luxemburgischen Parlaments hatte sich übrigens auch Papst Benedikt XVI. mit Blick auf das Großherzogtum gegen jede Form der Euthanasie ausgesprochen. Er hoffe, dass „es dem luxemburgischen Volk auch weiterhin am Herzen liegt, die Größe und Unverletzlichkeit des menschlichen Lebens zu betonen", sagte der Papst bei einem Botschafterempfang und direkt an die Adresse der luxemburgischen Politiker gerichtet: „Die verantwortlichen Politiker müssen sich daran erinnern, dass die Entscheidung, einem Menschen das Leben zu nehmen, immer moralisch schlecht ist und nie rechtmäßig sein kann."

Diesen Appell wies Premier Juncker, bemerkenswerterweise ein Christdemokrat und Mitherausgeber der größten katholischen Wochenzeitung Deutschlands, dem „Rheinischen Merkur“, jedoch entschieden zurück: Er akzeptiere keine „Einmischung des Vatikans in die inneren Angelegenheiten“ seines Landes, tönte Juncker, um dann kleinlaut hinzuzufügen, dass er selbst, dürfte er wählen, wahrscheinlich gegen das Gesetz votieren würde, weil er Angst habe und nicht sicher sei, ob man in 20 Jahren noch wisse, welche Absichten mit dem Gesetz verfolgt würden.

Im Angesicht von christlichen Politikern mit einem derart dehnbaren Rückgrat überrascht es nicht, dass die Einführung von Euthanasiegesetzen, wie sie jetzt in Luxemburg und bereits schon länger in den Niederlanden, Belgien und Dänemark existieren, wahrscheinlich bald auch in anderen europäischen Ländern bevorsteht.

Die Art und Weise, wie christliche Proteststimmen dabei mundtot gemacht werden, ist im Prinzip immer gleich: Die Befürworter der Euthanasie, nicht selten sind es Personen oder Gruppen, die – wie die bekannte Schweizer Sterbehilfeorganisation „Dignitas“ – mit dem Sterben der Menschen kommerzielle Interessen verfolgen, argumentieren, dass jeder Mensch das Recht habe, das Ende seines Lebens frei zu wählen, und dass es doch ein Akt der Barmherzigkeit sei, Menschen von ihrem unzumutbaren Leiden zu erlösen, ihnen den Schritt in einen schmerzfreien Tod zu ebnen.

Die Christen in Europa stehen bei einer derartigen Argumentationslogik plötzlich als die unsensiblen Vertreter eines lebensfernen Dogmas da, die lediglich mittelalterliche Gesetze erfüllen wollen, nicht aber das Leiden der Menschen im Blick haben.

So geschehen etwa in Frankreich, wo der Fall einer 52-jährigen Lehrerin aus Burgund die Franzosen tief bewegte und die Christen an den gesellschaftlichen Rand drängte. Die Frau litt an einer das Gesicht entstellenden Tumorerkrankung. Die wenigen Fotos von ihr, die sie grausam entstellt in ihren letzten Lebenstagen zeigen, ließen in Umfragen die Zahl der Befürworter aktiver Sterbehilfe nach oben schnellen. Neun von zehn

Franzosen stimmten der Legalisierung mit einem Mal zu, während es zuvor drei Viertel der Befragten gewesen waren.

Als die Tumorpatientin im Frühjahr 2008 tot in ihrer Wohnung aufgefunden wurde, beklagte die als engagierte Katholikin bekannte Wohnungsbauministerin Christine Boutin, dass der Fall von Sterbehilfe-Befürwortern instrumentalisiert worden sei. Selbst die der Nähe zur katholischen Kirche unverdächtige Tageszeitung „Le Monde" nannte es meisterhaft, wie die Patientin ihr Ziel erreicht habe, eine landesweite Debatte über Sterbehilfe auszulösen.

Dann jedoch mehrten sich in rasanter Geschwindigkeit bis hin zu Boutins Kabinettskollegen die Stimmen, die für Ausnahmeregelungen vom Sterbehilfeverbot plädierten. Die Familien-Staatssekretärin Nadine Morano etwa wollte eine Kommission einführen, um Genehmigungen für aktive Sterbehilfe in Extremfällen zu erteilen. Premierminister Francois Fillon gab eine Überprüfung des Gesetzes zum Lebensende von 2005 in Auftrag. Christine Boutin stand also plötzlich, wenn man von einigen bischöflichen Stimmen absieht, ganz allein auf weiter öffentlicher Flur und geriet zunehmend in den Verdacht, sich aufgrund ihrer klaren christlichen Position zu dem Fall, nahe an der „Grenze zum religiösen Fanatismus" (ARTE) zu bewegen. Wovon sich Boutin, die Kritik an ihrem authentisch gelebten christlichen Politikstil gewohnt ist, aber nicht einschüchtern lässt.

Auch in Belgien ist es fast zwanzig Jahre nach der Legalisierung der Abtreibung und mit der später, nach Baudouins Tod, staatlich legalisierten aktiven Sterbehilfe nicht leichter geworden, christliche Positionen zu diesen Themen in der Öffentlichkeit zu vertreten. Das musste ausgerechnet der in kirchlichen Kreisen als äußerst selbstbewusst geltende Kardinal Godfried Danneels erfahren, als er zum Tod des Schriftstellers Hugo Claus, der sich lebensbeendende Präparate verabreichen ließ, daran erinnerte, dass „durch Sterbehilfe dem Tod sein Sinn genommen" werde.

Das klinge, als sei „das Leiden des Schriftstellers nötig, um seine Seele zu retten", höhnte daraufhin der belgische Freidenker-Präsident Pierre

Galand und hatte die Mehrheit der gesellschaftlichen Lacher auf seiner Seite. Die Mühe und die letzlich das Menschsein begründende Anstrengung, den Sinn und die Tiefe dieser wichtigen Wahrheit des christlichen Mysteriums zu verstehen, wollte sich in der belgischen Öffentlichkeit niemand machen.

Warum auch? Wenn der Mensch allein, ohne Gott, entscheiden kann, was gut und was böse ist, kann er dann nicht auch verfügen, wann er selbst oder eine Gruppe von Menschen zu vernichten ist?

Es ist genau diese Hybris, die auf bioethischem Feld die *Christianophobie* auslöst. Die entschiedenen Christen, mögen sie katholisch, anglikanisch oder evangelikal sein, spiegeln dabei der modernen Gesellschaft allein durch ihre Existenz, aber mehr noch durch ihre unerschrockenen Wortmeldungen das im Prozess der demokratischen Verabsolutierung des Menschen verdrängte schlechte Gewissen wider.

Eine Verabsolutierung, die der deutsche Dramatiker Botho Strauß bereits im Jahr 2000 in seinem Essay „Wollt ihr das totale Engineering?" voraussah.

Dort kann man lesen: „Einst stand der Mensch Gott näher und war daher größer, wenn auch elender dran. Was die Heutigen bramarbasierend „Selbstvergottung" nennen, ist vor Seinem Auge nichts als präpotente Aufgockelung, verliert seine Kleinheit nicht und nichts von der unendlichen Entfernung zu IHM. (...) Kenosis des Menschen. Seine Selbstentäußerung, die nun den Dingen Leben einhaucht. Um ihretwillen ist „er, der reich war, arm geworden (2 Kor 8,9)."

Der moderne europäische Anti-Geist, die moderne europäische „Anti-Evangelisierung" (Johannes Paul II.), welche Abtreibung und Sterbehilfe (sowie die Manipulation des Lebens an anderen Lebensabschnitten) befürwortet, schert sich aber nicht um diese Wahrheiten der *conditio humana*: das menschliche Elend und die menschliche Armut. Diese „Anti-Evangelisierung" kennt in Wahrheit nur ein Ziel, die materielle Ausbeutung des Menschen, den größtmöglichen Utilitarismus. Dabei arbeitet diese „Anti-Evangelisierung" in Europa, wie Johannes Paul II. in aller Deutlichkeit gewarnt hat – jedoch ohne die dahinter stehenden Kräfte präzise zu benennen –, mit „beträchtlichen finanziellen Mitteln". Sie sei eine „andere Form von Totalitarismus, die sich heimtückisch verbirgt unter dem Anschein der Demokratie".[11]

Heimtückisch ist es wohl auch, wenn in der Medizin immer öfter und unverfrorener der Begriff der „Gesundheitsökonomie" gepflegt wird, was der auch außerhalb seines Geburtslandes Österreich populäre Schauspieler Tobias Moretti bei einer vielbeachteten Rede herausgestellt hat.

Dort vergleicht Moretti die heute in Krankenhäusern immer stärker werdende Kosten-Nutzen-Philosophie mit dem, was man zu Zeiten des Nationalsozialismus „Sozialhygiene" nannte, und fragt sich: „Wie passiert es, dass diese schleichende Verrohung zum allgemeinen Gedankengut wird in einer sogenannten aufgeklärten Gesellschaft? Wie entsteht ein Klima, dass man plötzlich den Gedanken an Euthanasie zulässt – oder sich nicht einmal mehr daran stößt?" Morettis Fazit: Es liegt daran, dass wir zwar heute nicht in einem festen „ideologischen System" leben, dafür aber in einer „verschwommenen Gedankenlosigkeit". Die Aufnahmebereitschaft für an sich menschenverachtende Argumente sei groß, da es eine „moralische Indifferenz" und „Bequemlichkeit" gebe. Den einzigen Ausweg aus dieser moralischen Sackgasse sieht Moretti in einem „christlichen Humanismus". „Solange die Menschen von einem christlichen Humanismus getragen werden, sollte man über das Lebensrecht eines Menschen nicht diskutieren müssen, weder eines Alten noch eines Behinderten. Es gibt keinen Rechtfertigungs-, also keinen Erklärungszwang. Aber mittlerweile gibt es ihn eben doch."

Genauer und einfühlsamer kann man den bei bioethischen Themen in Europa herrschenden Zeitgeist, der die christlichen Werte und Anprüche als lästige Akzidentalien ansieht und bekämpft, nicht beschreiben.

---

[11] Vgl. Johannes Paul II., „Erinnerung und Identität. Gespräche an der Schwelle zwischen den Jahrtausenden", Weltbild 2005, S. 68.

## Kultur/Medien

Es ist in kirchlichen Medien schon viel darüber geschrieben worden, dass sich bei vielen Kultur- und Medienschaffenden Europas schon seit einigen Jahren eine Freiheit eingebürgert hat, die Kirche und den christlichen Glauben zu verspotten, an den Rand zu stellen und zu diffamieren.

Unzählig ist die Zahl der Filme, Theaterstücke und Fernsehserien, in denen kirchliches Personal entweder als an der Kirche und den strengen Gesetzen leidend („Der Priester", „Alles über meine Mutter") dargestellt wird oder in denen Gläubige als Witzfiguren auftauchen und in denen der christliche Glaube als bigott, lebensfremd und lediglich verulkenswert („Popetown", „Das Leben des Brian") oder aber als psychisch gefährlich und letztendlich menschenfeindlich und zerstörerisch („Requiem") dargestellt wird.

Oft ging und geht es bei diesen Kultur-Produkten und Interpretationen so hölzern und polternd zu wie in Rolf Hochhuths berühmtem Dokumentar-Drama „Der Stellvertreter" von 1963, eines dramaturgisch eher unbeholfenen Angriffs auf Papst Pius XII. und seine Haltung zum Holocaust („Ein Stellvertreter Christi, der das vor Augen hat und dennoch schweigt, (...) ist ein Verbrecher"), dessen historische Einseitigkeiten man mithilfe der aktuellen Forschung[12] heute allerdings leicht aushebeln kann. Symptomatischer für die heutige Zeit, das heutige Europa sind dagegen Filme und Stücke, die wesentlich subtiler an der Kirche Kritik üben, sich zum Beispiel als harmlos-besinnlicher Unterhaltungsfilm tarnen. Wie zum Beispiel der in Europa gedrehte und weltweit sehr erfolgreiche Film „Chocolate" aus dem Jahre 2000 mit Juliette Binoche und Jonny Depp in den Hauptrollen.

In dem Film „Chocolat" geht es um Vianne (Juliette Binoche) und ihre Tochter Anouk, die während der Fastenzeit in einem kleinen, frommen,

[12] Vgl. Michael Hesemann: „Der Papst, der Hitler trotzte: Die Wahrheit über Pius XII., Sankt Ulrich Verlag, Augsburg 2008.

französischen Städtchen der 1950er-Jahre eine Chocolaterie eröffnen. Die Dorfbewohner sind zunächst skeptisch und betrachten Vianne, die ihre Schokoladen mit magischen Mitteln zubereitet, als eine Sittenbrecherin. Vor allem der fromme Bürgermeister des Städtchens sieht in Vianne eine Gefahr und unternimmt alles, um die Bürger vor ihrem magischen Einfluss zu schützen – auch mithilfe des jungen Priesters des Dorfes, dessen Predigten der Bürgermeister stets auf ihre theologische Korrektheit überprüft. Gut und böse scheinen zu Beginn des Films eindeutig bestimmt zu sein, doch je mehr es der stets freundlich lächelnden Schokoladenhexe gelingt, die Einwohner zu ihren Süßigkeiten zu verführen, desto mehr bröckelt die moralische christliche Autorität des Bürgermeisters dahin, und am Ende des Films, ausgerechnet am Ostertag, verdankt schließlich auch er der Schokoladenhexe Vianne, dass er sich zu einem freieren Leben der Lust und der Sinne bekehren kann. Der junge Priester des Städtchens hält der vor lauter Schokoladenglück dankbaren Gemeinde seine erste eigene Predigt: Sie handelt ausdrücklich nicht – wie zu Ostern eigentlich passend – von der Auferstehung, stattdessen hält der junge Geistliche zur großen Erleichterung aller einen Lobgesang auf die Menschlichkeit und die Toleranz. Ende gut, alles gut. Das Dorf ist damit vom engstirnigen Katholizismus erlöst worden, die Schokoladenhexe hat ihre Mission erfüllt und kann nun andere Dörfer mit ihrer süßen Versuchung missionieren.

*Voila!* Sympathischer und attraktiver kann man die christlichen Glaubensinhalte eigentlich nicht demolieren, zudem hier das vermeintlich Gute, personifiziert in der Schokoladenhexe, am Ende einen erlösenden Sieg über den verknöcherten Bürgermeister einfährt. Eine veritable Parabel dazu, welche Art von Christentum das moderne Europa goutiert und welches es ablehnt.

Es ist genau diese Leichtigkeit und – bei Licht gesehen – sich an den Zeitgeist anbiedernde Oberflächlichkeit und Respektlosigkeit, mit der man heute die Mehrheit der europäischen Kritiker und Zuschauer auf seine Seite ziehen kann. Denn: Derartige Witze über das angeblich so lustfeindliche Christentum – das geht immer, dabei kann nicht viel passieren, außer dass ein paar Protestbriefe eintrudeln oder sich vor den

Kinos eine Schar wiedergeborener Christen mit Jesus-liebt-dich-Plakaten versammeln, was den Verkauf des Films aus „Skandal"-Gründen aber, wie man in jedem europäischen Produktionsbüro weiß, nur noch mehr ankurbelt. In der seriösen Fachpresse heißt es dazu dann prompt und euphorisch: Der Regisseur sei ungeheuer „mutig", „tabubrechend", „ambitioniert".

Als gäbe es heute keine billigere, abgestandenere und kommerziell durchkalkuliertere Methode, fehlendes künstlerisches Potential zu verdecken, als mit ätzender, einseitiger Christentums- und Kirchenkritik. Zumal diese Kritik so gut wie niemals über die längst abgedroschenen Klischees und widerlegte Stereotype (angebliche Leibfeindlichkeit des Christentums, christliche Verbrechen bei Inquisition, Hexenverbrennung, Kreuzzügen etc.) hinausgeht.

In der Regel offenbaren diese oft pseudo-künstlerischen Attacken auf die Kirche und den christlichen Glauben jedoch bei den sie ausübenden Akteuren neben einem pathologischen Hass auf die eigenen Wurzeln nur Folgendes: eine fehlende theologische Bildung und einen fehlenden metaphysischen Sinn für das Geheimnis des Lebens.

Das war es dann wohl auch, was den Kölner Erzbischof, Joachim Kardinal Meisner, während eines Festgottesdienstes zur Einweihung des neuen Kölner Kunstmuseums „Kolumba" im Sommer 2007 dazu drängte, an den ursprünglichen Zusammenhang von Kultur und Kult zu erinnern. Wörtlich sagte der Kardinal: „Dort, wo die Kultur von der Gottesverehrung abgekoppelt wird, erstarrt der Kultus im Ritualismus und die Kultur entartet. Sie verliert ihre Mitte."

Gut, dass mal wieder jemand daran gedacht hat, könnte man sagen, denn seit der anglo-amerikanische Dramatiker und Nobelpreisträger T.S. Eliot den gleichen Gedanken entwickelte, ist bekanntlich schon etwas Zeit vergangen. So schrieb Eliot 1948 in den „Beiträgen zur Begriff der Kultur": „Kultur und Religion sind richtig verstanden verschiedene Aspekte derselben Sache. (...) Eine häufig vertretene irrige Ansicht ist, Kultur lasse sich auch ohne Religion lebendig erhalten. (...) Die andere irrige Ansicht ist die Kehrseite der ersten: Religion und religiöses Leben seien nicht angewiesen auf die Kultur."[13]

Doch über dieses – gerade in Anbetracht der oft anzutreffenden Banalität und nicht selten abgrundtiefen Perversion und Blasphemie vieler moderner Kultur-Events und Pop-Happenings[14] – durchaus berechtigte Phänomen nachzudenken, zu reflektieren, kam den meisten Medienvertretern und Politikern nicht in den Sinn. Sie hängten sich mit Wollust an dem Wort „entartet" auf und versuchten Meisner mit aller Gewalt in einen nationalsozialistischen Zusammenhang zu bugsieren. *Stante pede* startete, wie zu Erzbischof Dybas besten Zeiten und auch bei Kardinal Meisner keineswegs ungewöhnlich, eine breitangelegte Medienkampagne, die nur eine Absicht hatte: den jederzeit glasklar christlich argumentierenden Kardinal zu demontieren.

So sagte der nordrhein-westfälische Kulturstaatssekretär Hans-Heinrich Grosse-Brockhoff (CDU): „Dass Kardinal Meisner sich zu einem solchen Sprachgebrauch hinreißen lässt, ist erschreckend und zeigt, dass er keinerlei Zugang zu Kunst und Kultur hat." Es mache aber wenig Sinn, mit ihm darüber zu diskutieren. „Und das sage ich nicht nur als Kulturstaatssekretär, sondern auch als Katholik."

Was wohl heißen soll, dass Meisner sich weder zu Kunst- noch zu Kirchenthemen äußern solle – ein äußerst dreister Einwurf, der es durchaus mit Junckers Papstschelte („Keine Einmischung in innere Angelegenheiten") aufnehmen kann, eigentlich sogar noch weiterging – denn: Seit wann besitzt ein Politiker eine größere Autorität, sich zu Kultfragen zu äußern, als ein mit hohen Ehren und Ansehen in der ganzen Welt versehener Kirchenmann?

---

13 T.S. Eliot: Beiträge zum Begriff der Kultur. Englischer Titel: Notes towards the Definition of Culture, London: Faber and Faber, 1948. Deutsch von Gerhard Hensel, Berlin und Frankfurt/Main: Suhrkamp Verlag, vorm. S. Fischer, 1949.

14 Im Sommer 2008 verletzte die Darstellung eines gekreuzigten Frosches von Martin Kippenberger im Bozener Museum für moderne Kunst die religiösen Gefühle vieler Christen. Trotz zahlreicher Protestbriefe nahmen die Ausstellungsmacher das Werk nicht zurück. Auch regelmäßig vor dem Museum stattfindende Protestgebete von Senioren lösten bei Veranstaltern und Journalisten nur Erheiterung und schwere Anschuldigungen aus.

Natürlich blieb Grosse-Brockhoff nicht der einzige Warner und Protestler: Der Generaldirektor des Deutschen Olympischen Sportbundes (DOSB) und Grünen-Politiker, Michael Vesper, wechselte als Reaktion auf Meisners Rede kurzzeitig das Spielfeld und warnte: „Kunst ist frei, darf von niemandem vereinnahmt werden. Wer, wie Kardinal Meisner, bereit ist, Kunst, die nicht in die eigene Denkschublade passt, auszusortieren, sie an den Pranger zu stellen, der schürt ein gefährliches Feuer." Während der Kölner Kulturausschuss-Vorsitzende Lothar Theodor Lemper (CDU) in typisch deutscher, fast schon preußischer Beamtenmanier verkündete, dass Kultur nicht nur aus Gottesverehrung erwachse. „Den Absolutismus, den Kardinal Meisner hier predigt, halte ich für falsch und unangebracht", so der Kulturausschuss-Vorsitzende.

Doch wer predigte hier wirklich den Absolutismus? War es nicht erneut, wie auf den Feldern der Familien- und der Bioethik-Politik, die neue *political correctness*, die „Diktatur des Relativismus", die zwar, wenn nötig, das christliche „C" im Parteinamen trägt, aber ansonsten nur die eigene, am Zeitgeist und Mehrheitsgeschmack orientiert, kleinkarierte Meinung vertritt? In einer Beliebigkeit, die nur das Populär-Mediokre zum Maßstab des eigenen Geschmacks setzt?

Ist es nicht genau dieses sich als fortschrittlich gebärende Funktionärsdenken, das an der Tristesse der modernen Kultur und zugleich auch an der aktuellen Aushöhlung des christlichen Glaubens in Europa einen großen Schuldanteil besitzt? Indem es sowohl der Kultur wie auch dem christlichen Glauben seine Schärfe, sein Feuer, seine jeden Rahmen sprengende Dynamik und Größe abspricht. Ein Denken, das – ohne Sinn für die unsichtbare Wirklichkeit ausgestattet – Kultur und Kult nur akzeptiert, wenn beide sozusagen demokratisch domestiziert sind und die Spielregeln der political correctness bedingungslos nachbeten? Wenn beide auf dem Altar der ewig beschworenen „Reformen" und „Beschlussfähigkeit" geopfert werden können?

Botho Strauss hat das kulturelle Paradoxon unserer Zeit bereits im Jahr 1994 hellsichtig in einem Brief so ausgedrückt: „Der Ketzer, der gefeierte, ist nach wie vor jemand, der die ungeheure Tapferkeit besitzt, die

Jungfrauengeburt zu leugnen. Verglichen damit ist Kardinal Ratzinger der Nietzsche des ausgehenden 20. Jahrhunderts."[15] Will sagen: Wirklich mutig, wirklich prophetisch, wirklich revolutionär ist heute nicht derjenige, welcher an der aktuellen, alles nivellierenden, alle absoluten Werte im demokratischen Konsens zerstörenden Tiefkultur mitmischt, sondern wer sich dagegen auflehnt – über den engen, politisch korrekten Tellerand hinaussieht und offen bleibt für höhere Inspiration, übernatürliche Wunder, das Numinose.

Doch nicht nur die Kulturfunktionäre sind religiös unmusikalisch geworden, die gesamte europäische Kulturelite ist es – das behauptet jedenfalls der schottische Komponist und Dirigent James MacMillan, der unter anderem das Philharmonische Orchester der BBC dirigiert und am Pult großer Symphonieorchester in den USA und Europas stand. Bei einem Vortrag zum 30. Geburtstag der renommierten Londoner Stiftung „Sandford St. Martin Trust" wandte sich der 49-jährige Katholik gegen eine „von Ignoranz getriebene Feindseligkeit gegen den Glauben" in der Kulturelite. MacMillan kritisierte, dass nur etwa fünf Prozent der Fernsehschaffenden sich als religiös bezeichnen, während es in der gesamten Bevölkerung 70 Prozent seien. Die säkular-liberale Elite trage auf diese Weise dazu bei, so MacMillan, dass in der Gesellschaft eine Uniformität entstehe, in der „jeder nicht-säkulare Beitrag automatisch als sozial spaltend betrachtet wird".

Zwar hätten es Atheisten bisher nicht vermocht, „die Religion zu Brei zu schlagen", doch erhöben atheistische „Feldzügler" – im Unterschied zur „Leben-und-leben-lassen-Variante" – ihre Stimmen, weil sie spürten, dass sie auf der Verliererstraße seien. MacMillian rief religiöse Menschen auf, ihren Glauben auch angesichts wachsender Gegnerschaft zu bezeugen. Christen und andere Gläubige sollten sich den zunehmend aggressiven Versuchen widersetzen, ihre Stimmen zum Schweigen zu bringen. MacMillan: „Das Projekt einer engen säkularen Orthodoxie scheitert!"

---

[15] Botho Strauss: Der Gebärdensammler. Texte zum Theater. Verlag der Autoren, 1999, S. 130.

Ein mutiger und ermutigender Aufruf, der zudem auf ein weiteres wichtiges *Christianophobie*-Merkmal hinweist: das Christliche zum Schweigen bringen. Diese Methode ist in den Medien jeder Diktatur das einfachste Mittel, um das System störende Elemente zu marginalisieren. Man berichtet einfach nicht über sie oder in so kurzer und knapper Art und Weise, dass die Öffentlichkeit den Eindruck gewinnen soll, – es habe nichts Relevantes stattgefunden. Manche Polen erinnern sich vielleicht noch an eine kurze Notiz in den Zeitungen vom 17. Oktober 1978, dass ein gewisser Kardinal Wojtyła in Rom zum Papst ernannt worden sei. Später bei seinem ersten Pilgerbesuch in der Heimat im Jahr 1979 schien er im Rahmen der staatlichen Berichterstattung geradezu allein unterwegs zu sein. Ohne viele Leute anzuziehen.

Gut zu beobachten in Europa ist dieses Phänomen zur Zeit etwa bei den regelmäßig in Madrid stattfindenden Großdemonstrationen für die Familie. Die erste Demonstration fand im Juni 2005 statt und wurde vom „Europäischen Netzwerk des Instituts für Familienpolitik" koordiniert. Über 1000 Nicht-Regierungsorganisationen, 15 weltweit agierende Verbände und rund 20 waren daran beteiligt. Es kamen Hundertausende Teilnehmer aus aller Welt, um gegen die von der sozialistischen Regierung Zapatero geplante Homo-Ehe zu protestieren. Mehr Teilnehmer als bei der bald darauf ebenfalls in Madrid stattfindenden Gay-Pride-Parade, doch in der europäischen Berichterstattung wurde ein anderes Bild vermittelt. Die Familiendemonstration wurde als eine etwas absonderliche, langweilige Initiative vorgeführt, die fast den Eindruck erwecken konnte, als sei sie von der Moon-Sekte gesteuert worden, während die schrillen Homosexuellen als kulturell-bedeutsamer Mega-Event präsentiert wurde. Für den natürlich auch mehr Sendezeit zur Verfügung stand.

Dieses Phänomen wiederholt sich nun Jahr für Jahr. Bei der letzten spanischen Familiendemonstration am „Tag der Heiligen Familie", dem 28. Dezember 2008, kamen wieder Zehntausende auf den Kolumbusplatz in Madrid, um dort einen Gottesdienst unter dem Motto „Die Familie, Gnade Gottes" zu feiern. Mehr als 1000 Busse brachten Menschen aus allen Teilen Spaniens in die Landeshauptstadt. Auch Papst Benedikt XVI. war per Videobotschaft vom Petersplatz aus zugeschaltet.

Fernsehzuschauer jedoch so gut wie gar nicht. Denn was nicht auf Linie mit der Homo-Ehe-Politik der Regierung von Jose Luis Rodriguez Zapatero liegt oder sogar konträr zu seinen Zielen läuft, fällt – durchaus auch vergleichbar zur öffentlichen Medieneliminierung der polnischen Gewerkschaft „Solidarnośc" zu Beginn der 1980er-Jahre – der Zensur zum Opfer. Natürlich gibt es im demokratischen Spanien keine solche offizielle Zensur, es gibt dafür aber genügend andere Gründe, die Berichte über die Familiendemos wegfallen zu lassen, anders zu gewichten oder auf späte, familienfeindliche Sendezeiten zu verschieben: fehlende Relevanz, wenig Neuigkeitswert oder gar – diskriminierende Tendenzen aufseiten der Veranstalter. Denn wer gegen die Homo-Ehe, das Recht homosexueller Paare auf Adoption oder gegen Abtreibung demonstriert, verletzt, wie wir durch das „Gender Mainstreaming" gelernt haben, bekanntlich eine Reihe von Menschenrechten.

Dieselbe mediale Ignoranz, gemischt mit Verdächtigungen, wurden und werden auch anderen christlichen Veranstaltungen, Demonstrationen und Kongressen in Europa zuteil: Seien dies nun die – von England ausgehend – in ganz Europa seit Anfang der 1990er-Jahre stattfindenden „Jesus-Märsche", die „Pro-Christ-Veranstaltungen" oder das „Christival", ein mehrtägiger Jugendkongress, der von Mitgliedern der „Deutschen Evangelischen Allianz" und Mitgliedern der evangelischen Landes- und Freikirchen veranstaltet wird. Entweder man schweigt sich vonseiten der säkularen Medien über diese Veranstaltungen aus oder man schlägt mit dem Knüppel auf sie ein. Was im Vorfeld des Christivals 2008 in Bremen der Fall war.

So kam es wegen einiger auf dem „Christival" angebotenen Seminare zu den Themen Abtreibung und Homosexualität in vielen Zeitungen und Magazinen zur Etikettierung des Christivals als „fundamentalistisch". Das Nachrichtenmagazin DER SPIEGEL sah das „Christival" ferner als Beleg dafür, dass die „konservative Welle" oder gar ein „religiöser Feldzug" – das Bestreben der weltweiten evangelikalen Bewegung nach Einfluss in Politik und Gesellschaft – auch Deutschland erreicht habe[16]. Es

---

[16] Peter Wensierski: Aufschwung Jesu. Christen: Die Evangelikalen suchen Einfluss auf die Politik. In: Der Spiegel 18/2008, S. 38ff.

folgten Gegendemonstrationen und Anschläge mit Feuerwerkskörpern auf die Teilnehmer. In der evangelischen Bremer Friedensgemeinde fand als Gegenveranstaltung eine schwul-lesbische Walpurgis-Party statt. Doch damit nicht genug: Einige Monate nach der Veranstaltung tauchte das „Christival“ wieder in den Medien auf, diesmal in einem Artikel des Schülermagazins „Q-Rage“, das von der Bundeszentrale für politische Bildung finanziell unterstützt wird. Darin hieß es in einem Beitrag über den Jugendkongress, dass evangelikale Christen „erzkonservative, zum Teil verfassungsfeindliche Ideologien“ verbreiten würden.

Das ließen die Evangelikalen nicht auf sich sitzen. Der Generalsekretär der Deutschen Evangelischen Allianz, Hartmut Steeb, protestierte bei der Bundeszentrale für politische Bildung gegen eine derartige Berichterstattung, sodass sich der Präsident der Bundeszentrale für politische Bildung, Thomas Krüger, gezwungen sah, sich öffentlich von dem Artikel zu distanzieren und zu entschuldigen. Steeb reicht das nicht. Er wünscht sich als Wiedergutmachung für den Artikel eine Sonderausgabe mit dem Thema „Evangelikale“. Was die links-alternative „die tageszeitung“ zu der Frage veranlasste: „Ja, leben wir denn in einem Kirchenstaat?“ Eine Frage, die nicht nur polemisch gemeint ist, sondern zeigt, wie tief bei den liberalen Kultur- und Medienmachern unterschiedlicher Generationen – auch 40 Jahre nach ’68 – die Angst sitzt, dass Europa unter die Herrschaft einer christlichen Autorität geraten könnte. Als stünde mit einer solchen Sonderausgabe unmittelbar die Einführung der Theokratie bevor.

Ähnlich feindselige Reaktionen auf christlich-couragierte Talk-Show-Auftritte von katholischen Prominenten, wie Fürstin Gloria von Thurn und Taxis in den deutsch-sprachigen Ländern und ihrer Freundin Prinzessin Alessandra Borghese in Italien, sowie generelle Attacken auf christliche Medien belegen diese Einschätzung. In Polen zum Beispiel läuft regelmäßig eine Kampagne weltlicher Medien gegen das auflagenstarke katholische Magazin „Gość“.

Das lange Zeit wahrscheinlich zu enge Bündnis von Thron und Altar hat dazu geführt, dass viele Menschen in Europa die heutige Distanz von

Kirche und Staat nicht richtig einschätzen. Es herrscht gegenüber christlichen Werten und Symbolen eine allgemeine Paranoia.

Eine paradoxe Sondersituation kann man dagegen in Polen erleben, wo sich viele als liberal bezeichnende Medien darin gefallen, polnische Priester und Bischöfe der angeblichen Kollaboration mit dem Geheimdienst SB zu beschuldigen, während zahlreiche erwiesene Vertreter des früheren kommunistischen Systems heute in der Gesellschaft eine etablierte Rolle spielen und keiner moralischen Selbstrechtfertigung bedürfen.

## Repräsentanz

Lange Zeit war es in den katholischen Ländern Europas üblich und selbstverständlich, dass in öffentlichen Gebäuden wie Schulen, Kindergärten, Krankenhäusern oder Gerichten ein Kreuz oder ein Kruzifix hing. Doch ausgerechnet in der bayrischen Heimat Papst Benedikts XVI. braute sich Anfang der 1990er-Jahre der erste Widerstand gegen diese Repräsentanz des christlichen Glaubens in Europa zusammen. Ein anthroposophisches Elternpaar bemängelte den angeblich verrohenden und die Psyche des Kindes belastenden Einfluss, den die Darstellung des gefolterten Jesus am Kreuz ausübe. Ferner forderten sie die Einhaltung des Grundsatzes der Religionsfreiheit. Das Kreuz sollte aus dem Klassenzimmer verschwinden. Es folgte ein vier Jahre andauernder Rechtsstreit durch alle Gerichtsinstanzen, der am 16. Mai 1995 mit zwei Entscheidungen des Bundesverfassungsgerichtes endete:

1. Die Anbringung eines Kreuzes oder Kruzifixes in den Unterrichtsräumen einer staatlichen Pflichtschule, die keine Bekenntnisschule ist, verstößt gegen Artikel 4 Absatz 1 des Grundgesetzes.

2. §13 Absatz 1 Satz 3 der Schulordnung für die Volksschule in Bayern ist mit Artikel 4 Absatz 1 des Grundgesetzes unvereinbar und nichtig.

Das ging nicht nur den Christen in Bayern zu weit, sondern auch der bayrischen Landesregierung. Es wurde ein neues Gesetz erlassen, in dem es heißt:

„Angesichts der geschichtlichen und kulturellen Prägung Bayerns ist in jedem Klassenraum ein Kreuz anzubringen. (...) Wird der Anbringung des Kreuzes aus ernsthaften und nachvollziehbaren Gründen des Glaubens oder der Weltanschauung durch die Schüler widersprochen, versucht der Schulleiter eine gütliche Einigung. Gelingt eine Einigung nicht, hat er für den Einzelfall eine Regelung zu treffen, welche die Glaubensfreiheit des Schülers achtet und die religiösen und weltanschaulichen Überzeugungen aller in der Klasse Betroffenen zu einem gerechten Ausgleich bringt; dabei ist auch der Wille der Mehrheit soweit wie möglich zu berücksichtigen“ (Art. 7 Abs. 3 BayEUG).

Dieses mit einer gewissen Schlangenklugheit entworfene Gesetz trat bald schon in Kraft und sorgte wenigstens für einige Jahre dafür, dass es in Bayern wieder ruhiger wurde und die Mehrheit der Kreuze öffentlich hängen bleiben konnten. Doch seit die bayrischen Grünen – angesichts des mittlerweile etablierten Multikulturalismus in Deutschland – bei einem Parteitagsbeschluss im Jahr 2008 gefordert haben, religiöse Symbole aus den Klassenzimmern zu verbannen, was sich diesmal nicht nur gegen das Kruzifix, sondern auch gegen Nonnentracht und Kopftücher richtet, ist in die Diskussion in Bayern wieder ein bisschen Bewegung gekommen. Die Grünen berufen sich dabei, wie immer, auf das Gebot der Toleranz und dass keine Religion hochwertiger sein dürfe als die andere.

Sprich: Eigentlich geht es bei diesem Beschluss nicht so sehr gegen Kopftücher, obwohl diese in Bayern wie überall in Deutschland unübersehbar zugenommen haben, sondern darum, dass die christlichen Symbole verschwinden oder neben diesen auch die Symbole anderer Religionen ihren öffentlichen Platz bekommen. Eine geschickt verpackte Form von *Christianophobie*. Nach dem Motto: Wir verbieten die Christen nicht, wir nivellieren sie einfach mit den Gläubigen anderer Religionen.

Bewegung und Unruhe in Sachen öffentlicher Repräsentanz von Kruzifixen und anderer christlicher Symbole erleben jetzt aber auch die Katholiken Spaniens. Ende des Jahres 2008 wurde bekannt, dass ein Richter des Landes entschieden habe, dass in einer öffentlichen Schule die Kreuze von den Wänden abgehängt werden müssen. Mit dem Urteil gab das Gericht im nordspanischen Valladolid dem Vater einer Schülerin Recht, der gegen die Präsenz eines Kruzifixes den Klageweg beschritten hatte. Spaniens Primas, Kardinal Antonio Canizares, meinte zu dem Fall nur: „Unsere Gesellschaft ist krank – sehr krank. Wir können nicht länger die Augen verschließen. So vieles geschieht in diesen Wochen: Das Parlament verweigert eine Ehrung für eine katholische Ordensfrau, in Valladoid werden Kreuze zum Verschwinden gebracht, und vieles mehr ... Daran zeigt sich eine Christianophobie – letztlich ist das Selbsthass."

Tatsächlich schwellte im Hintergrund der spanischen Kreuzesdebatte ein Streit um eine verstorbene karmelitische Ordensfrau: Dem konservativen Abgeordneten Jorge Fernandez Diaz war aufgefallen, dass die heilige Maria Pidal, Mutter der Wunder Jesu, 1892 in einem Haus geboren wurde, das heute zum spanischen Parlament gehört.

Der sozialistische Parlamentspräsident Jose Bono gab seine Zustimmung zu einer Gedenkplakette. Dagegen protestierten allerdings etliche seiner Fraktionskollegen und beriefen sich auf den laizistischen Charakter des Staates. Bono gab nach. Das Präsidium des Parlaments nahm die eigene Entscheidung wieder zurück. Ein Unikum in der spanischen Demokratiegeschichte. Und eine Sackgasse, wie der Abgeordnete Diaz, einer von Bonos Stellvertretern, findet: „Es ging doch nur darum, für jemanden eine Gedenkplatte anzubringen – wie wir das hier in Madrid ständig tun. Wenn man das gleich als Angriff auf den nicht-konfessionellen Charakter des Staates wahrnimmt, dann führt das zu Spannungen und Spaltungen – in diesem Geist kommt man dann nicht mehr weit."

Doch dieser Geist, diese Mentalität der *Christianophobie* hat mittlerweile fast jedes europäische Land erfasst. So wurde zum Beispiel im einstmals als katholisch geltenden Österreich vor Kurzem mehr zufällig bekannt, dass in den Linzer Kindergärten und Horten schon seit Jahren keine Kreuze mehr aufgehängt werden. Obwohl im Kinderbetreuungsgesetz festgelegt ist, dass ein Kreuz in jedem Gruppenraum anzubringen ist, wenn im Kindergarten die Kinder mit christlichem Glauben in der Mehrheit sind, verteidigte die Vizebürgermeisterin der Stadt, Ingrid Holzhammer (SPÖ), diese Praxis gegenüber kritischen Anfragen. Sie berief sich unter anderem auf die Trennung von Kirche und Staat und darauf, dass man ja auch „keine anderen religiösen Symbole aufhängen würde". Rückendeckung bekommt Holzhammer dabei nicht nur vom Linzer Bürgermeister Franz Dobusch (SPÖ), sondern auch vom Landesrat Josef Ackerl, der sogar so weit geht, das Eintreten für Kreuze als „faschistoides Verhalten" zu bezeichnen. Mittlerweile steht das Kreuz auch in einigen österreichischen Schulen zu Disposition, und wie man in den österreichischen Medien lesen kan, gibt es auch schon erste Initiativen gegen Nikolaus-Feierlichkeiten an österreichischen Kindergärten und Schulen. Was aus Sicht der vatikanischen Nachrichtenagentur SIR umso mehr „den fortschreitenden Verlust des Respekts für Traditionen und Werte, die Europa sein Fundament gegeben haben" bezeugt.

In Italien, wo besonders seit dem Jahre 2002 hin und wieder einige Kruzifixstreitigkeiten zu verzeichnen sind, darf das Kruzifix weiter in den Klassenräumen von Schulen hängen, doch nicht, weil es ein religiöser Gegenstand ist, sondern weil es „ein Symbol ziviler Werte wie Toleranz, Respekt und Menschenrechte" sei. Dies beschlossen die Richter des italienischen Staatsrates, der letzten Instanz im italienischen Verwaltungsrecht. Mit diesem Urteil lehnte der Staatsrat im Jahr 2006 die Forderung einer finnischen Bürgerin ab, die die Entfernung des Kreuzes aus den Schulklassen ihrer Kinder in der Stadt Abano Terme bei Padua gefordert hatte. Man sieht, religiöse Argumente genügen bei der Verteidigung der öffentlichen Präzenz des Kreuzes in Europa nirgendwo mehr.

Aus Sicht von Joseph Weiler, Professor für Völkerrecht an der New York University, liegen die Ursachen für derartige Formen von *Christianophobie* darin, dass der europäische Laizismus, im Gegensatz zum amerikanischen Säkularismus, nicht einfach nur ein „Ich glaube nicht an Gott"sei, sondern eine Art „Glaube für sich. Es handelt sich um eine aktive Feindseligkeit gegenüber der Religion, im Fall Europas gegenüber dem Christentum." Weiler, der in seinem Buch „Ein christliches Europa" in juristisch-brillianter Weise aufzeigt, dass vom verfassungsrechtlichen Standpunkt sehr gute Gründe bestanden hätten, neben der laizistischen auch die christlich geprägte Identität des Kontinents in der Symbolik der Präambel der europäischen Verfassung anzuerkennen, weist ferner darauf hin, dass ein Verbot des Anbringens von Kreuzen im öffentlichen Raum keineswegs ein Zeichen der Neutralität des Staates sei. Es sei eine klare Parteinahme zugunsten einer agnostischen Weltsicht. „Auch eine weiße Wand im Gericht oder Spital ist ein Symbol, insbesondere, wenn vorher jahrhundertelang ein Marienbild oder ein Kreuz diese Wand geschmückt haben."

Doch auch das Kreuz als Modeschmuck ist mittlerweile in Europa unter Beschuss gekommen: So verbot, wie die Online-Ausgabe des „Telegraph" im Jahr 2007 berichtete, die Leitung der „Robert Napier School" in Gillingham/Kent der 13-jährigen Samantha Devine, während der Unterrichtsstunden ein kleines Kreuz um den Hals zu tragen. Die Schulleitung argumentiert mit der Sicherheit für die Schüler. Eine der Schulregeln lautet: kein Schmuck für Schüler der Schulstufen 7 bis 10. Einzige Ausnahme: wenn der Schmuck einen wesentlichen Teil einer Religionszugehörigkeit darstellt.Was Samantha noch mehr empört. Denn: „Es ist mein Recht, ein Kreuz um den Hals zu tragen. Ich bin stolz auf meine Religion."

Das sind vermutlich auch nordirische katholische Schüler, doch auch sie sollen in Zukunft keine Kruzifixe mehr tragen dürfen. Jedenfalls, wenn es nach dem Willen der nordirischen Bildungsministerin Caitriona Ruane geht. Ruane will in Nordirland entsprechende britische Richtlinien für Schuluniformen implementieren, wonach Schüler keinerlei religiöse Symbole mehr tragen dürfen. Denn, so Ruane: „Die Freiheit, eine Religion oder einen Glauben zu bezeugen, bedeutet nicht, dass ein Individuum das Recht hat, seine Religion oder seinen Glauben zu jeder Zeit, an jedem Ort oder auf jede beliebige Art und Weise zu zeigen."

Ein ganz neuer Relativismus bezüglich der Religionsfreiheit, den auch eine Mitarbeiterin des britischen Flugunternehmens „British Airways"Ende des Jahres 2006 erlebte, als das Unternehmen der am Check-in-Schalter beschäftigten Angestellten das Tragen eines Kreuzanhängers während der

Arbeit untersagte, während es Sikhs und Muslimen gleichzeitig gestattet war, Kopfbedeckungen zu tragen. Die Angestellte weigerte sich und wurde entlassen. Verbot und Entlassung lösten seinerzeit in Großbritannien eine Welle des Protestes aus, die von hochrangigen Politikern und Kirchenvertretern unterstützt wurde. Unter dem öffentlichen Druck sah „British Airways" schließlich von der umstrittenen Regelung ab und stellte die entlassene Mitarbeiterin wieder ein. Nach dem Rechtsverständnis der britischen Justiz, bei der die Mitarbeiterin wegen Diskriminierung gegen „British Airways" geklagt hatte, stellte das Verbot jedoch keine Diskriminierung des Arbeitnehmers dar. Sprich: Hätte das Unternehmen nicht aus Rücksicht auf sein Image einen Rückzieher gemacht, das Gericht hätte diesen Fall von *Christianophobie* gutgeheißen.

Bischof Hilarion Alfeyev, Repräsentant des Moskauer Patriarchats der russisch-orthodoxen Kirche für die europäischen Organisationen, beschuldigt die Europäische Union, dass sie eben solche anti-christlichen Diskriminierungen in EU-Mitgliedsländern ignoriert: „Im Beharren auf Toleranz verurteilen EU-Spitzen Islamophobie und Antisemitismus, ignorieren aber allzu oft verschiedenste anti-christliche Praktiken." Alfeyev befürchtet, dass im Zuge dieser Ignoranz die Kirche immer weiter aus dem öffentlichen Leben verbannt werden soll.

Doch warum Steine auf Flugunternehmen und Gerichte werfen, wenn man auch im Haus des Herrn längst angefangen hat, die Zeichen der Zeit zu erkennen und die Kirche selbstständig von Kruzifixen zu befreien? So geschehen jedenfalls in England, wo ein anglikanischer Geistlicher 2008 Jahre nach Christi Geburt erkannte, dass der Anblick des Gekreuzigten keinen guten Einfluss auf die religiöse Bildung der Kinder und Jugendlichen habe. So machte der Geistliche auf eigene Initiative reinen Tisch, reine Wand. Ob die religiöse Bildung der Jugend in der Gemeinde jetzt leichter fällt, ist noch offen. Vielleicht hilft es, wenn man in Zukunft Micky Mouse oder Harry Potter an die freien Stellen klebt, um die nachwachsende Generation noch stärker von dort abzuholen, wo sie ist, um sie mit dem Leben und Sterben Jesu Christi, dem Lamm Gottes, vertraut zu machen. Mit etwas Fantasie und der nötigen Prise Relativismus kann man schließlich alles erklären.

Zum Beispiel auch, dass das Läuten von Kirchenglocken eine unzumutbare Belästigung von Ungläubigen und Andersgläubigen sei, was in Griechenland im Januar 2008 für Aufregung und Diskussionen sorgte.

Ein griechisch-orthodoxer Priester wurde zu 70 Tagen Strafe auf Bewährung verurteilt, weil sich Anwohner beschwert hatten, dass er zu häufig und zu laut die Glocken seiner Pfarrkirche läuten lasse. Der griechische Menschenrechtsbeauftragte rechtfertigte diesen Gerichtsbeschluss damit, dass Kirchenglocken ein „ernstes Problem" seien, weil sie zur „Geräuschverschmutzung" führen würden und die Lebensqualität und Gesundheit der Anwohner beeinträchtigten.

Auch in den als tolerant geltenden Niederlanden sind Glockenklänge umstritten. In Tilburg, südlich von Amsterdam, wurde einem Priester eine hohe Geldstrafe auferlegt, weil er auf die Beschwerden der Anwohner nicht angemessen reagierte, sondern die Glocken weiterläuten ließ.

Doch nicht nur in Griechenland und den Niederlanden herrscht dicke Luft im Umfeld der Kirche. Auch in der bayrischen Diözese Augsburg wurde bereits vor ein paar Jahren heftig über das Kirchengeläut gestritten. Die Anwohnerin einer Kirche im beschaulichen Gundelsdorf ging vors Landgericht, um durchzusetzen, dass die Kirche den Stundenschlag zwischen 22 und 6 Uhr abschalte. Dazu bitte auch den Sonntagnachmittag. Anstelle eines Urteils aber gab es einen höchstrichterlichen Vorschlag: Statt alle 15 Minuten solle die Glocke nur noch alle 60 Minuten bimmeln. Ein Vorschlag, den die Kirche positiv aufnahm – jedoch nicht die Anwohnerin. „Gerade der Schlag zur vollen Stunde ist ja das Problem", sagte sie. Im Laufe der Zeit habe sie bemerkt, dass sie gerade davon aufwache. Das Bimmeln um Viertel, Halb oder Dreiviertel mache ihr weniger aus. „Mittlerweile muss ich schon Medikamente nehmen, um zumindest etwas Schlaf zu bekommen." Die Kirche zeigte Entgegenkommen und hält sich seitdem an den richterlichen Vorschlag, schließlich steht ein Kirchturm nicht nur zur Zierde da.

Zu glauben, dass damit Fragen und Diskussionen zum Kirchengeläut in Gundesldorf und dem Rest Europas für alle Zeit beendet sind, wäre vermessen. Immer wieder kreist eine Reduktion, Abschaffung oder Ergänzung der kirchlichen Akustik, zum Beispiel durch Muezzin-Rufe, durch die Plan- und Gedankenspiele einiger liberaler und grüner Politiker, meistens in Verbindung mit einem Hinweis auf die multikulturelle bzw. multireligiöse Freiheit und Wirklichkeit Europas, den Pluralismus, die Toleranz – als könnte und müsste sich Europa aufgrund von Zuwanderern, so willkommen, bereichernd und notwendig sie aus mancher Sicht auch sein mögen, eine neue kulturelle Identität zulegen.

Frühere Generationen – weniger lärmbeeinflusst als die heutige von Mobiltelefonen, Fernsehapparaten, Radios und Lautstärkeboxen – konnten mit dem Klang der Glocken jedenfalls leben. Gut leben. Das Glockengeläut strukturierte nicht nur den Tagesablauf, rief zur Arbeit und zu Festen auf, kündigte von Unglücksfällen – es zeigte auch die Zeit zum Gebet an. Was heute prinzipiell immer noch jedem Christen und Europäer als spirituelles Angebot freisteht.

Außerdem galten Kirchenglocken, wie Durandus im 14. Jahrhundert schrieb, den gläubigen Europäern als effektive „Abwehrwaffe gegen Dämonen und andere böse Geister“. Ist das vielleicht der Grund, wieso manche der heute so fortschrittlich sprechenden Politiker sie am liebsten zum Schweigen bringen würden? Es wäre jedenfalls nicht das erste Mal, dass in Europa ein solcher Großangriff auf Glocken und andere christliche Symbole unternommen werden würde.

Auch die bis heute in manchen Politiker- und Intellektuellenkreisen als extrem vorbildlich und progressiv geltende Französische Revolution tat alles, um die Glocken des Glaubens zum Schweigen zu bringen, die kirchlichen Zeichen und Rituale zu zerstören.[17] Nachdem bereits in den ersten vier Jahren nach der Erstürmung der Bastille 1789 Klöster, Prozessionen und Ordensgelübde verboten, päpstliche Rundschreiben zensuriert, Predigtverbote ausgesprochen und Geistliche zu Eidaussagen und Tätigkeiten gezwungen wurden, die mit dem Kirchenrecht nicht zu vereinbaren wa-

[17] Eine hervorragende Zusammenfassung der Ereignisse findet man in: Doris Gretzel *Französische Revolution und Religion*. Von der Verfolgung zur Entchristianisierung. Seminararbeit 2001/2002. Universität Wien

ren, rollte ab dem Herbst 1793 die eigentliche Entchristianisierungswelle über Frankreich: Zunächst wurden Kirchenglocken für die Waffenindustrie eingezogen, um daraus Kanonen zu gießen. Dann, am 21. September 1793, weihte der Konventskommisar Fouché in der Kathedrale von Nevers eine Büste des Brutus ein und verkündete am 26. September von der Kanzel, dass er die Gottesdienste durch Feste der Republik und der natürlichen Moral ersetzen wolle. Am 10. Oktober schließlich verbot er jedes religiöse Zeremoniell außerhalb der Kirche. In diesem Zusammenhang verweltlichte er auch die Beerdigungen und Friedhöfe, über deren Toren er die Inschrift anbringen ließ: „Der Tod ist ein ewiger Schlaf."

Die Entchristianisierung fand in der Bevölkerung Frankreichs jedoch nicht nur Anhänger. Das Herabholen der Kirchenglocken löste im Volk einen starken Protest aus. Auch gegen die Schließung der Kirchen auf Kosten von neu eingeführten „Kulten der Vernunft" regte sich sehr zur Sorge von Robespierre in der Bevölkerung bald Widerstand. Ergebnis: Am 8. Juni 1794 wurde in Paris ein neuer Kult eingeführt – diesmal nicht zu Ehren der Vernunft, sondern zu Ehren des „Höchsten Wesens". Robespierre nahm an dem Fest teil, bei dessen minuziös durchgeplantem Protokoll nichts dem Zufall überlassen wurde.

Die Regieanweisungen des Kultes hat Hans Maier in seinem Buch *Revolution und Kirche* überliefert: „Die Mütter heben die jüngsten ihrer Kinder in den Armen hoch und bringen sie dem Schöpfer der Natur in Ehrfurcht dar. Die jungen Mädchen werfen Blumen zum Himmel empor … Die jungen Männer ziehen ihre Säbel und schwören, sie überall siegreich zu führen. Die von der Begeisterung ihrer Söhne fortgerissenen Alten legen ihnen die Hände auf und teilen ihre väterlichen Segnungen aus … Eine furchtbare Artilleriesalve, das Zeichen der nationalen Rache erschallt und alle Franzosen vereinigen ihre Gefühle in einer brüderlichen Umarmung: Sie haben nur mehr eine Stimme, deren vereinigter Schrei: Es lebe die Republik!' die Lüfte erbeben lässt."[18]

---

[18] Hans Maier: Revolution und Kirche, Zur Frühgeschichte der christlichen Demokratie. Freiburg/Basel/Wien 1988, S. 275.

Ein perfektes heidnisches Naturfestspiel also, bei dem der aufgeklärte Revolutionär Robespierre von einer hohen Rednerbühne aus das „Höchste Wesen“ anrief und seine Zuhörer aufforderte, diesem zu huldigen. Schließlich entzündete er einen Scheiterhaufen, aus dessen Asche ein Standbild der Weisheit (mit leicht geschwärztem Antlitz) emporstieg. Danach führte Robespierre als Vorsitzender des Nationalkonvents mit Musikbegleitung vom Nationalpark der Tuilerien zum Marsfeld. Dort wurde ein symbolischer Berg errichtet, der von einem Freiheitsbaum überragt wurde.

Nach dem Sturz Robespierres wurde dieser Kult, der in seiner Hohlheit und Aufgeblasenheit sämtliche ideologische Kult-Erfindungen des 20. Jahrhunderts vorwegnahm, wiederabgeschafft. Das neu eingesetzte Direktorium verbot weiterhin den Gebrauch von Kirchenglocken für religiöse Zwecke und bestrafte alle Arten von kirchlichen Versammlungen mit Gefängnisstrafen und Deportierung.

„Wahrscheinlich gibt es keinen Gott – hört auf, euch Sorgen zu machen und genießt das Leben“ kann man da nur sagen und einen Spruch wiederholen, der seit Anfang 2009 auf Hunderten von Bussen in Großbritannien, Spanien und Italien zu lesen ist und auf den einige Christen mit Streiks und der Botschaft „Wenn alle dich fallen lassen, Gott ist bei dir“ geantwortet haben. Angestoßen hat die theologische Debatte im öffentlichen Nahverkehr der britische Politikberater Jon Worth und die 28-jährige Comedy-Autorin Ariane Sherine – unter anderem als Reaktion auf düstere Drohungen christlicher Organisationen auf Londoner Bussen. Dass sie als Atheistin eines Tages in der Hölle schmoren werde, wollte Sherine nicht unwidersprochen hinnehmen. In kürzester Zeit sammelte sie mit Hilfe der Britischen Humanistischen Vereinigung umgerechnet mehr als 150000 Euro an Spenden. Damit ließ sie die Botschaft, es gebe wahrscheinlich keinen Gott, auf 800 Busse und in der Londoner U-Bahn plakatieren.

Für die Bus-Plakatkampagne in Spanien zeichnet die spanische „Union der Atheisten und Freidenker“ (UAL) verantwortlich. „Diese Kampagne richtet sich an die Atheisten, die regelmäßig mit der Hölle und anderen

Qualen bedroht werden“, sagt Albert Riba von der UAL. „Wir wollen ihnen sagen: Macht euch keine Sorgen.“ Gut zu wissen, dass Atheisten manchmal auch von Unglaubenszweifeln geplagt werden.

Doch so lustig diese Kampagne auch wirkt, so bitter und ernst wird der Streit um die Existenz Gottes, jenseits der Kreuzes- und Bus-Debatte, schon seit Jahren in den europäischen Klassenzimmern ausgetragen. Religions- oder Werteunterricht oder Religionskunde? So lautet die internationale Gretchenfrage und immer mehr Ansätze werden entwickelt, um den christlich-konfessionellen Religionsunterricht zu verbannen, um stattdessen einheitlich laizistisch-ethische Werte zu vermitteln und der religiösen Vielfalt zu dienen.

Auch hier befinden sich überzeugte Christen, wenn die Kinder nicht grade das Privileg haben, auf private Konfessionsschulen zu gehen, in Defensivstellung, was nicht heißt, dass manchmal auch gegenüber dem laizistischen und multikulturellen Bekehrungseifer Überraschungserfolge erzielt werden können.

So geschehen in Berlin, wo eine Initiative, namens „Pro Reli“, mit einer Unterschriftenaktion einen Volksentscheid zur Gleichstellung von Religions- und Ethikunterricht durchzuführen 2009 fulminanten Erfolg hatte. Die Initiative, die möchte, dass der Religionsunterricht vom freiwilligen Zusatzangebot zur gleichberechtigten Alternative des staatlichen Ethikpflichtfaches wird, musste bis zum 21. Januar 2009 170000 Unterschriften vorlegen – tatsächlich kamen aber über 300000 Unterschriften zusammen. Was die evangelischen und katholischen Bischöfe von Berlin mit großer Freude und einem Dankschreiben an den Vorsitzenden des Pro-Reli-Vereins, Christoph Lehmann, quittierten.

Interessant waren bei dieser Initiative jedoch auch die Äußerungen vonseiten der rot-roten Berliner Regierung, die von einem homosexuellen Regierenden Bürgermeister, Klaus Wowereit (SPD), geleitet wird und mit der PDS als kleinerem Koalitionspartner, die Nachfolgepartei der ehemaligen DDR-Staatspartei SED, integriert. Vor „Manipulation“ warnte der Berliner Innensenator Ehrhard Körting (SPD) die Initiative und bezeichnete ihr Anliegen als „rückwärtsgewandt". Denn: Die Vorstellung des Grundgesetzes, dass der Religionsunterricht ein ordentliches Unterrichtsfach sein solle, sei geprägt von einer christlichen Gesellschaft. Man lebe aber schon lange nicht mehr in einer solchen. Auch andere Regierungsmitglieder kritisierten die Initiative mit aggressiven Worten. Als ganz besonderen Ausdruck von *Christianophobie* muss man auch den Versuch des Regierenden Bürgermeisters werten, den Tag des Volksentscheids so zu legen, dass die Beteiligung an der Abstimmung so gering wie möglich ist. Was ihm von prominenten Christen vorgeworfen worden ist und was Wowereit mit Blick auf korrekte Terminplanungen im europäischen Wahljahr glatt abgewiesen hat. Doch wie sagte der Katholik Wowereit am 11. September 2001 nach den Angriffen auf das World Trade Center so schön: „Ich hatte spontan das Bedürfnis, in die Kirche zu gehen." Sprich: Wenn's ums Ganze geht, darf schon gebetet werden. Geht's um Machterhalt, geht's auch ohne Kirche. Oder sogar gegen sie.

# 3. Kapitel

# Rückschlüsse

## 10 Punkte und mehr

So komplex und vielschichtig das Bild ist, dass die kleine Analyse vom aktuellen Europa, seinen Wertanschauungen und Entwicklungen wiedergibt, es lassen sich aus all den unterschiedlichen Bereichen und Geschehnissen doch einzelne gravierende Rückschlüsse ziehen auf den Zustand der Demokratie, der Menschenrechte, insbesondere der Religionsfreiheit, in Europa und die Rolle, die Christen in diesem Kontinent zurzeit spielen.

Es ist, das kann man sich aus dem bisher Geschilderten leicht ableiten, ein bedrohlicher Zustand, in dem sich Europas Demokratie, Europas Geist und Seele befinden. Ein Zustand der „Verwüstungen" (Johannes Paul II.). Das liegt nicht nur an bestimmten Gruppierungen und Politikern, die eine zunehmende Neigung zeigen, die Prinzipien der Trennung von Kirche und Staat nach dem Ansatz zu interpretieren, der den totalitären Regierungen eigen war. Es liegt auch an einer gewissen politischen Passivität, die im Verhalten der gläubigen Bürger Europas festzustellen ist. Man kann den Eindruck gewinnen, dass viele von ihnen gleichgültig geworden sind, wenn es darum geht, ihre religiösen Rechte, ihr christliches Credo, zu verteidigen.

Hier die zehn wichtigsten Rückschlüsse aus der Ist-Analyse:

1. Es gibt eine neue Ideologie des Bösen in Europa, eine „Anti-Evangelisierung". Diese Ideologie wird auch vom aktuellen Zeitgeist getragen, der gegenüber dem Christentum in Europa besonders feindlich ist, was sich in Christianophobie ausdrückt.

2. Diese Ideologie wird nicht von einer klar bestimmbaren oder erkennbaren Gruppe betrieben. Sie hat heterogene Anhänger: Libera-

le, 68er, Grüne, Freidenker, Humanisten, Homo-Lobbyisten, aber auch Christdemokratische Politiker.

3. Diese Ideologie hat lebensfeindliche, destruktive Ziele: Tötung von Ungeborenen und Alten; Zerstörung der Familie; Zerstörung des Guten, Wahren und Schönen.

4. Diese Ideologie hat auch Einfluss auf das christliche Milieu: auf Bischöfe, Geistliche und Laien sowie verschiedene kirchliche Einrichtungen wie Schule, Krankenhäuser, Akademien.

5. Es existieren verschiedene Bezeichnungen, um diese Ideologie, ihr Wirken und ihren philosophischen Hintergrund zu bestimmen („Diktatur des Relativismus", *„political correctness"*, „Kultur des Todes").

6. Die neue Ideologie des Bösen instrumentalisiert die Menschenrechte (Toleranz, Würde, Freiheit etc.), um traditionelle und religiöse Werte unter demokratischem Anschein auszuhebeln und die Christen sozial zu diskriminieren – bis hin zur Kriminalisierung. Die christliche Basis dieser Rechte wird geleugnet und verdrängt.

7. Die *Christianophobie* ist geprägt von einem tiefen kulturellen und traditionellen Selbsthass. Die Ursache dieses Selbsthasses liegt vermutlich in der lange zurückliegenden politischen Machtstellung der Kirche in Europa.

8. Es gibt gegen die neue Ideologie des Bösen keinen breiten gesellschaftlichen Widerstand und bisher auch keinen breiten christlichen Widerstand, nur einzelne Protestaktionen.

9. Prominente Christen werden durch ein Netz von Medien, Politikern, öffentlicher Meinung gezielt zum Schweigen gebracht, ignoriert oder stigmatisiert (unfreiwilliges Ghetto).

10. Viele Christen wehren sich nicht gegen diese neue Form der Verfolgung, sondern verstecken sich (freiwilliges Ghetto).

Nun könnte man einwenden, dass all die geschilderten Negativbeispiele nur Einzelfälle sind, die man nicht dramatisieren, nicht überbewerten dürfe. Denn: Bekennen sich nicht viele Politiker zu ihrem Glauben? Dürfen Christen in Europa nicht ohne Probleme Gottesdienste besuchen? Hat christliche Kunst nicht in vielen Museen und Konzerthäusern einen hohen Stellenwert?

Dem ist zu entgegnen, dass die Liste der aktuellen Beispiele von *Christianophobie* noch bedeutend länger ist als die hier dargestellten Fälle. Es vergeht kaum ein Tag, eine Woche in Europa, wo nicht neue Verfolgungen und Diskriminierungen von Christen geschehen, die den aufgeführten Fällen sehr ähneln.[19] Zur Frage der Überbewertung sei gesagt: Man sollte sich von politischen Sonntagsreden, die in der Praxis ohne konkrete positive Folgen bleiben, und anhaltender, oberflächlicher Akzeptanz christlicher Meisterwerke im professionellen Kulturbetrieb nicht täuschen lassen. Es gibt den Trend der sozialen Diskriminierung, der *Christianophobie* – weshalb Sonntagsreden, Ausstellungen und Aufführungen nicht beruhigend, sondern mitunter gefährlich sind. Gerade weil man Johann Sebastian Bachs Musik überall hören, Rembrandts Bilder überall sehen kann, könnte man denken: Es ist doch alles in Ordnung in Europa.

Dabei bemerkt man aber nicht, dass, währenddessen diese Kunstwerke instrumentalisiert und neu-interpretiert werden, um auch mit ihrer Hilfe Europa in eine neue ideologische Richtung umzumodeln, es für Christen keine Möglichkeit gibt, ihre Identität unbefangen auszudrücken und einzufordern.

Man muss zum Beispiel nur einmal die Programmhefte solcher Ausstellungen und Aufführungen lesen, und man wird in vielen Fällen erkennen, dass sie so gering christlich dosiert sind wie nur möglich.

---

[19] Eine gute aktuelle Übersicht findet man unter: www.christianophobia.eu.

Zum Beispiel gibt es in solchen Programmheften zwar jede Menge Hinweise auf Sponsoren und Förderer, nicht selten sind es EU-Mittel – theologische Hinweise und Erläuterungen zu christlichen Motiven in Malerei und Musik sucht man jedoch oft vergeblich; in die biografischen Eckdaten der Künstler werden Elemente von *Christianophobie* hineingestreut. So als sei der jeweilige Künstler nicht aus Liebe zum Glauben schöpferisch gewesen, sondern von der Kirche für seine Dienste ausgebeutet worden.

Oder, was bei einer Ausstellung christlicher Kunst unter dem Titel „De Weg naar de Hemel" (Der Weg in den Himmel) in der größten Kirche Amsterdams, der *Nieuwe Kerk*, im Jahre 1999 zu entdecken war: Man benutzt bei den Erläuterungen zu bestimmten Exponaten konsequent die Vergangenheitsform: Christen *glaubten*, dass … Christen *beteten* den Rosenkranz … Christen *gingen* zur Messe … Es könnte der Eindruck entstehen, dass Christen eine skurrile Sorte von Menschen waren, die vor über tausend Jahren in Europa lebten, mittlerweile aber ausgestorben sind. Oder, falls es sie doch noch gibt, so sind sie mittlerweile zu vernünftig geworden, um noch an derartigen Kulthandlungen, Glaubenshaltungen teilzunehmen. Auch das ist eine Variante von *Christianophobie*, auch das ist eine Weise, wie der Geist der neuen Ideologie des Bösen in Europa agiert und sich breitmacht.

Gemach, gemach, könnte man nun einwenden. Sind die europäischen Christen vielleicht einfach zu dünnhäutig, zu sensibel? Sollten sie nicht besser – wie die Christen zur Zeit des Nationalsozialismus in Deutschland, zur Zeit des Kommunismus in Polen – einfach ihr Kreuz tragen, anstatt wie die Anhänger anderer Religionen ständig über Diskriminierung zu klagen? Ist das Ertragen von *Christianophobie* nicht sozusagen ins Christsein implementiert?

Natürlich ist es richtig, dass Christen aufpassen müssen, nicht in die Falle des Selbstmitleids zu laufen. Und, dass jeder Christ das eigene Kreuz tragen muss, ist unbestritten. Es stellt sich aber immer die Frage, ob manche Kreuze wirklich erduldet werden sollen oder ob es nicht Gottes Wille ist, die Situation zu verbessern. Auch um des Angreifers willen!

Christen stehen in Europa gewiss nicht in Gefahr, öffentlich zu viel über Diskriminierung zu klagen und daran zu leiden. Manchmal kann man – wie in der Ist-Analyse schon angedeutet – den Eindruck haben, es bestehe in Europa eine Art ungeschriebenes Gesetz, das jedem erlaubt, Beschwerden, Vorwürfe und Beschimpfungen aller Art auf Christen abzuladen – und Christen haben das gefälligst hinzunehmen.

Nicht selten greifen die Gegner des Christentums dabei auf scheinbar unschlagbare historische Argumente zurück. Wer ist an der Inquisition schuld? Die Christen. Wer hat die Kreuzzüge zu verantworten? Die Christen. Wer hat Galileo Galilei ungerecht verurteilt? Die Christen. Wer hat die Kolonien mit Gewalt missioniert? Die Christen. Wer hat zum Holocaust geschwiegen? Der Papst. Usw. usw.

Auch die sehr gut gemeinten Vergebungsbitten von Johannes Paul II. für sämtliche von einzelnen Christen ausgeübte historische Vergehen im Jahr 1999 haben daran leider nicht viel verändert. Die meisten kritischen Beobachter der Christenheit und der Kirche haben damals nicht den Christen ihre Sünden vergeben, sondern benutzen die Worte des Papstes seitdem, um sich in ihrem Hochmut und in ihrer Feindschaft noch bestärkt zu fühlen. „Seht her, wir hatten Recht, der Papst gibt es selbst zu. In diesem Punkt ist er allerdings nicht weit genug gegangen."

## Blick zurück in Wahrheit

Nicht weit genug und nicht selbstkritisch genug gehen allerdings zumeist die Kritiker der Kirche zurück. Wissend – mit George Orwell –, dass die Macht über die Zukunft mit der „Kontrolle der Vergangenheit" einhergeht. Anders kann man sich die himmelschreiende Diskrepanz zwischen den neuesten wissenschaftlichen Erkenntnissen über die historischen „Sünden der Kirche" und die gebetsmühlenartig wiederholten Stereotype zu diesen Themen nicht erklären.

Dies sei kurz an zwei historischen Ereignissen erläutert, die häufig in Europa benutzt werden, um schrille Anklagen gegen das Christsein zu unternehmen. Die Rede ist von den Kreuzzügen und von der Inquisition[20].

Die Kreuzzüge, insgesamt waren es acht, fanden zwischen den Jahren 1095 und 1270 statt. Mit päpstlichem Segen und mit großer Resonanz in der europäischen Bevölkerung. Kein Wunder: Immerhin standen die Freiheit Roms und die Freiheit Europas auf dem Spiel, was die heutigen Richter der politischen Korrektheit gerne übersehen. Stattdessen legen sie wissenschaftlich unreflektiert die moralischen Maßstäbe, Mentalitäten und scheinbaren Wissensstände der eigenen Epoche an frühere Zeiten an, ohne sich in die historischen Umstände des Untersuchungsgegenstandes einzufühlen.

Sicher auch um gegen solche einseitigen historischen Verdrehungen vorzugehen, fand 2006 in der päpstlichen Universität „Regina Apostolorum" in Rom eine Konferenz statt, in der Ansätze zur Revision der Geschichte über die Kreuzzüge vorgestellt wurden. Die Kreuzzüge fanden demnach mit „edlen Absichten" statt und dienten der Wiedergewinnung des Heiligen Landes für das Christentum. Die Kreuzzüge, so der italienische Geschichtswissenschaftler Roberto De Mattei, seien eine „Antwort auf die muslimische Invasion in christliches Land und die Zerstörung heiliger Stätten" gewesen. Man müsse die Kreuzritter als „Märtyrer" ansehen, die „ihre Leben für den Glauben opferten".

Braucht man sich als Christ für diese gemeinhin als zutiefst blutig und militant gegeißelte Episode der Kirchengeschichte also doch nicht zu schämen? Jedenfalls nicht, wenn es nach Roberto De Mattei geht, dessen Thesen von Jonathan Riley-Smith, Professor für Kirchengeschichte an der Cambridge Universität, unterstützt werden. Riley-Smith bescheinigt

[20] Geschichtsverfälschungen zulasten der Christen werden allgemein als „Schwarze Legenden" bezeichnet. Dass derartige Verfälschungen revidiert werden können, war Anfang 2009 im Zuge einer Ausstellung zu Papst Pius XII. in Berlin zu erleben. Fast fünfzig Jahre warf man diesem Papst fehlendes Engagement gegen den Nationalsozialismus vor, dann kippte aus unerfindlichen Gründen, wie die Ausstellungsmacher selbst zugaben, die Stimmung. Mittlerweile wird der Pacelli-Papst in den Medien als Helfer und Freund des jüdischen Volkes respektiert.

jenen Christen, die um Vergebung für die Kreuzzüge bäten, dass sie „ihre Geschichte nicht kennen" würden. Viele Schriften über die Kreuzzüge seien, laut Riley-Smith, historisch ungenau.

Tatsächlich waren damals die Heiligtümer des Christentums und seiner älteren Schwester, dem Judentum, von den Anhängern des Islam in Jerusalem okkupiert worden. Die Päpste, die Bischöfe und die politisch verantwortlichen adeligen Familien Europas waren darüber so entsetzt und in ihren religiösen Gefühlen und Wertvorstellungen verletzt, dass sie alle Jahre wieder in das gefährliche Abenteuer aufbrachen. Viele Heilige waren darunter: Franziskus von Assisi, Ignatius v. Loyola, Bernhard von Clairvaux. Auch bis in die Gegenwart karitativ aktive Orden wie die Malteser und die Johanniter haben in der europäischen Massenbewegung der Kreuzzüge ihren Ursprung.

Auch ein anderes, zumeist dunkelblutig serviertes Faktum der Kirchengeschichte, die Inquisition, die in unserer Zeit ebenso gerne dazu gebraucht wird, um Christen gesellschaftspolitisch zu domestizieren, erscheint bei genauerer Prüfung in einem anderen Licht. Zu diesem Ergebnis kann man jedenfalls kommen, wenn man Arnold Angenendts faszinierendes Buch *Toleranz und Gewalt* liest.[21]

Angenendt relativiert darin auf überzeugende Weise die landläufigen Vorstellungen von den Grausamkeiten der Inquisition. Er macht deutlich, dass die Inquisition, gemessen am bis dahin historisch Üblichen, einen wichtigen Schritt in Richtung moderne Rechtsstaatlichkeit markiert. Ausgelöst durch die südfranzösische Bewegung der Katharer, welche im 13. Jahrhundert mit einer radikalen Irrlehre das Volk aufwühlten und nicht selten gegen sich selbst aufwiegelten, sah sich die Kirche gezwungen, ein ordentliches Gerichtsverfahren einzuführen, um die oft auftretenden Akte der Selbstjustiz und darauf zumeist folgende unfaire Gerichtsverfahren des reinen Kräftemessens zu beenden. Das von Papst Innozenz III. neu etablierte Inquisitionsverfahren (von lat. „Inquisito" =

---

[21] Arnold Angenendt: Toleranz und Gewalt. Das Christentum zwischen Bibel und Schwert. Aschendorff Verlag, Münster 2006.

Nachforschung) sollte klären, was objektiv vorgefallen war. Eine fulminante juristische Idee, 1231 Jahre nach Christus. In Spanien funktionierte dieses Verfahren theoretisch und praktisch, in Deutschland aufgrund einer personellen Fehlbesetzung – Konrad von Marburg als Großinquisitor – leider nur theoretisch. Doch wie Angenendt deutlich herausstellt, muss man dabei auch die Rolle des weltlichen Staates zurechtrücken, der die Religion instrumentalisierte und zum Beispiel wesentlich schärfer gegen Heiden vorging als der Klerus, der stattdessen immer wieder Toleranz einforderte.

Das in diesem Zusammenhang so oft gegen die Kirche und die Christen benutzte Schuldzuweisungsargument der Hexenverfolgung durch die Inquisition erweist sich bei genauer Prüfung ebenfalls als maßlose Übertreibung. Im Heiligen Römischen Reich Deutscher Nation brannten aufgrund persönlicher Fehler einzelner Verantwortlicher die Scheiterhaufen, in Spanien brannten sie nicht. Hier wurde die Hexerei als Aberglaube lediglich vermahnt, nicht gewaltsam verfolgt. So ließ die spanische Inquisition zum Beispiel 1384 Kinder befragen, die angeblich in Navarra an einem Hexensabbat teilgenommen hatten. Ergebnis: nichts außer Hysterie. Man ließ die Kinder wieder laufen und die Hexen weiter ungestört ihre Natur-Magie kultivieren. Was vielleicht ein Hauch zu viel an Appeasement (Nachgiebigkeit) war, denn schon im Alten Testament wird Hexerei und Magie strengstens verboten.

Die eigentliche Nachtseite des zweiten europäischen Jahrtausends vollzog sich, wenn man renommierten Wissenschaftlern glauben kann, an ganz anderer Stelle: nämlich im Zuge der kirchlichen Risse und Spaltungen, dem östlichen Schisma (1054) und der Reformation (1517–1648). Es kam damals zur traurigen Realität der Religionskriege, bei denen die Christen Europas sich selbst verfolgten, und es kam zur sogenannten Aufklärung, die in ihren radikalen Auswüchsen eine totale Emanzipation vom christlichen Gottesglauben forderte und alles daransetzte, Jesus Christus und die Kirche aus der weiteren Geschichte des Kontinents auszuschließen.

Besonders der französische Theaterdichter, Philosoph und Freimaurer Voltaire bereitete mit seinen polemischen und extrem kirchenfeindlichen

Pamphleten und Parolen, wie zum Beispiel „Ecrasez l`infame!" („Zermalmt die Niederträchtige!"), die Grausamkeiten der bald nach seinem Tod stattfindenden Französischen Revolution vor. Doch im Unterschied zu den meisten Aufständischen besaß Voltaire neben seiner Sympathie für die Monarchie auch ein Leben lang ein echtes metaphysisches Gespür und besonderen Respekt vor dem göttlichen Gericht. An Gottes Existenz zweifelte er nicht, die moralische Nützlichkeit des Glaubens betonte er immer wieder: „Wenn Gott nicht existierte, müsste man ihn erfinden."

Dazu kommt: Kurz vor seinem Tod äußerte Voltaire, was von Humanisten gerne verdrängt wird, nicht nur den Wunsch, kirchlich begraben zu werden, sondern auch zu beichten. Weil der extra zur Beichte angerückte Priester, Abbé Gautier, jedoch als Bedingung für die Absolution von Voltaire einen umfassenden Widerruf seiner Schriften verlangte, was Voltaire verweigerte, erfüllte sich nur das erste Anliegen von Europas lustigstem Christenverfolger. Heimlich mit ein bisschen List und Trickserei seitens der Familie.

Wenn zwischen den historischen Ereignissen von damals und den heute im Zeichen der *political correctness* weitverbreiteten Interpretationen eine derartige Diskrepanz herrscht, kommt man als Christ nicht umhin, sich mit Lenin zu fragen: Was tun? Was *dagegen* tun? Wie können oder sollen Christen angemessen auf all die unterschiedlichen aktuellen Beispiele von *Christianophobie* in Europa reagieren? Was ist zu tun angesichts der harten Fakten, die in der Ist-Analyse sichtbar geworden sind? Ist Widerstand gegen die neue Ideologie des Bösen und die dazugehörige öffentliche Stimmung überhaupt noch möglich? Sollten Christen sich nicht lieber aus all den politischen und gesellschaftlichen Streitereien raushalten? Oder, so werden vielleicht die Jüngeren fragen, die ironischerweise aus Protest gegen ihre 68er-Eltern wieder häufiger in der Kirche eine Heimat finden, hilft mitunter nur noch eine Revolution? Eine großangelegte Neuevangelisierung, um dieses manipulierte und manipulierende Europa zu retten? Mit welcher Strategie sollten Christen antworten?

# 4. Kapitel
# Strategie

## Christsein als Revolution

Zunächst einmal sei, sollte sich nach bisherigen Lektüre so etwas wie Pessimismus oder Fatalismus bezüglich Europas breitgemacht haben oder diese Haltungen bestärkt worden seien, versichert: Das war nicht die Absicht und dazu besteht auch – trotz mancher Schrecken – kein Anlass. Im Gegenteil! Es lässt sich in Europa vieles zum Positiven wenden, wenn sich die entschiedenen Christen aller Konfessionen entsprechend dafür einsetzen.

Denn: Noch ist Europa vom Christentum stark geprägt! Die europäische Zeitrechnung zum Beispiel geht von der Geburt Christi aus, die europäische Arbeit ruht an den großen kirchlichen Feiertagen, viele Vornamen haben einen christlichen Ursprung. Dazu kommen als sichtbare Zeichen die vielen Kirchen und Kathedralen in allen europäischen Ländern, die künstlerischen Spuren des Christentums in zahlreichen europäischen Museen, Konzerthallen und Bibliotheken. Mögen die Intentionen dafür auch nicht immer richtig sein, als Anlass und kulturhistorische Werbeplattform für ein Gespräch über den Glauben stehen diese kulturellen Überlieferungen jedoch offen.

Vergessen wir auch nicht, dass viele Europäer, die dem Christentum scheinbar fernstehen, in Grundzügen ein Menschenbild vertreten, das zumindest christlich geprägt ist. Auch die militante Homo-Lobby hat dieses Bild noch in sich verinnerlicht, was wahrscheinlich einer der Gründe ist, wieso sie so aggressiv gegen das Christentum schießt. Es ist jedoch – wie diese Leute denken – kein Bild der Unterdrückung, sondern ein Bild der Befreiung, das den Menschen nicht nur eingebettet in die Schöpfung und die unsichtbare Wirklichkeit Gottes sieht, sondern dem Menschen auch unveräußerliche Rechte, sein Person-Sein zuspricht.

Diese Wahrheit, dieses Bild über den Menschen war vor 2000 Jahren, als Jesus Christus, der Sohn Gottes, als Mensch auf der Erde lebte, revolutionär und sie ist es auch heute noch. Inmitten von all den Irrungen und Wirrungen der modernen Zivilgesellschaften, die manchmal den Eindruck hinterlassen, dass nur noch das Chaos regiert.

Vielleicht regiert das Chaos, die „Verwüstung", heute tatsächlich, doch wenn, so muss dies nicht für alle Zeiten so bleiben. Eine Revolution der Vernunft und des gesunden Menschenverstandes, ausgelöst und angeführt von Christen in allen Bereichen der Gesellschaft, klingt für europäische Ohren zuerst vielleicht wie die größte annehmbare Don Quichotterie des 21. Jahrhunderts, doch warum sollte diese Revolution (natürlich innerhalb der demokratischen Grenzen) nicht doch möglich sein? Auch die polnische Gewerkschaft und Befreiungsbewegung „Solidarnosc" und die mit dem Fall der Berliner Mauer verbundene „Samtene Revolution" von 1989 waren schließlich gegen alle Wahrscheinlichkeit möglich – und wurden entscheidend von Christen und Betern Europas geprägt.

Sind die Christen zu Beginn des 21. Jahrhunderts tatsächlich so müde und mutlos, dass sie die beispiellose Umkehrung aller Werte und Tugenden in Europa, die in den vergangenen Jahrzehnten stattgefunden hat und immer verheerender zu erleben ist, ohne Widerstand hinnehmen? Oder fühlen sie sich vielleicht doch auch angesprochen von den Worten, welche Papst Benedikt XVI. an die Teilnehmer eines Kongresses der Kommission der Bischofskonferenzen der Europäischen Gemeinschaft (COMECE) am 24. März 2007 richtete? „Ihr habt die Aufgabe, mit der Hilfe Gottes ein ‚neues Europa' zu bauen, das realistisch, aber nicht zynisch ist, reich an Idealen und frei von naiven Illusionen und sich an der ewigen und lebensspendenden Wahrheit des Evangeliums inspiriert. Seid deshalb auf europäischer Ebene aktiv präsent in der öffentlichen Debatte (...) und begleitet diesen Einsatz mit einem wirksamen kulturellen Handeln."

Nicht nur für Bischöfe gelten diese Worte, wie man als Laie vielleicht – sich schnell entschuldigend – denken könnte, nein, auch für Laien. Für jeden einzelnen Christen in Europa.

Aus der Geschichte, besonders der des christlichen Widerstandes – sei es während des Nationalsozialismus oder während des Kommunismus oder früher – wissen wir, dass Gott der Allmächtige sich nicht zu schade ist, um auf die *aktive* Mitarbeit des Menschen zu setzen – in der Arbeit, in der Familie und im Gebet. Der Mensch vermag viel – in Respekt und Verantwortung vor den Geboten Gottes und in der Freiheit der Kinder Gottes. Wenn nun nach vielen Jahrhunderten des Lichts und der Dunkelheit das christliche Gesicht und die christliche Seele Europas erneut zur Disposition stehen, – so bedeutet dies für jeden Christen, der heute in Europa lebt, dass er Verantwortung für diesen Kontinent übernehmen muss – im Kleinen wie im Großen.

Niemand ist zu klein und zu unbedeutend, als dass er nicht eine segensreiche Rolle für das Ganze spielen könnte.

Wir wollen nun sehen, auf welche Weise Christen in Europa gefordert sind, die revolutionäre „Wahrheit des Evangeliums" zu bezeugen – auch wenn sie dabei mit Widerstand und sogar Verfolgung zu rechnen haben. Das Phänomen der *Christianophobie* soll dabei nicht als Gefahr oder als Angstmittel, sondern in gewisser Weise als Gütesiegel, als Seismograph für richtiges christliches Handeln verstanden werden. *Vive la revolution!*

## Was tun?

Prinzipiell lassen sich die Einsatzmöglichkeiten von Christen für ein christliches Europa in drei Kategorien gliedern: die spirituelle Ebene, die berufliche Ebene und die private Aktionsebene. Schauen wir uns diese drei etwas näher an!

## Spirituelle Ebene

Die Macht des Gebetes ist unbestritten. In der Heiligen Schrift und im Leben der Heiligen finden sich zahlreiche Hinweise, die belegen: Ohne Gebet geht gar nichts, fehlt dem Einsatz für Gott, für das Gute das richtige Fundament. Warum also nicht jeden Tag ein „Vaterunser“ für Europa beten? Vielleicht zu einer festen Zeit – 12 Uhr mittags. *High Noon*, sozusagen. Ein kurzes Innehalten, ein kurzes Konzentrieren auf Europa. Auf diese Weise tragen wir dazu bei, ein „neues“ Europa, ein Europa des Geistes, zu bauen. Denn: Das „Vaterunser“ gibt Europa seine Seele zurück.

Wahrscheinlich stehen uns dabei an verschiedenen Tagen bei dieser Gebetszeit verschiedene Anliegen vor Augen: Es kann ein aktueller Gesetzesbeschluss sein, eine heftig und laut geführte Diskussion auf europäischer Ebene, vielleicht ein prominenter Christ, der von Brüssel enormen Widerstand erfährt – dies alles können wir in das Gebet mithineinnehmen. Mit dem täglichen „Vaterunser“ signalisieren wir in der unsichtbaren Welt Solidarität, Beistand und Kraft mit dem christlichen Standpunkt in der jeweiligen Causa. Das ist wichtig, denn wie der hl. Paulus im Brief an die Epheser 6,10–17 unmissverständlich klarmacht, sind die argumentativen Kämpfe der Ideologien nur ein Aspekt der Auseinandersetzung. „… unser Kampf ist nicht gegen Fleisch und Blut, sondern gegen die Gewalten, gegen die Mächte, gegen die Weltbeherrscher dieser Finsternis, gegen die geistigen Mächte der Bosheit in der Himmelswelt“ (Eph 6,12).

Auch in Brüssel bei der EU arbeiten Christen. Christen, denen die ideologischen Verdrehungen und Attacken der Gegner Gottes und der Kirche nicht gefallen. Im Gebet helfen wir diesen Menschen, die stellvertretend für uns von Gott in eine Position auf diesem „modernen Aeropag“ gesetzt worden sind. Diese Menschen ringen wie wir alle um Klugheit, Stärke und Mut – vielleicht ist es unser Gebet, dass ihnen in der entscheidenden Situation das richtige Wort eingibt, die richtige Idee. Es gibt dafür keine Garantie, aber die Chance existiert und das ist besser, als in Resignation gegenüber „denen in Brüssel“ zu verfallen.

Natürlich spricht auch nichts dagegen, diese Ideen und Anliegen in einen Gebetskreis oder eine Gemeinde zu bringen. Vielleicht finden sich Freunde und Bekannte, denen Europa auch auf ihrem christlichen Herzen liegt. Wenn sich daraus ein fester Kreis von Menschen entwickelt, die für Europa beten – umso besser.

## Berufliche Ebene

Jeder Berufstätige gibt in seinem Berufsumfeld Zeugnis – von seiner Familie, seinen Reisen, seinen Hobbies. Warum nicht auch von seinem Glauben und seiner Einstellung zu dem, was gerade in Europa aktuell und nötig ist? Dies sollte nicht zwanghaft geschehen, aber während der Mittagspausen oder bei Unternehmensausflügen gibt es vielleicht Gelegenheiten, aufzuzeigen, dass die christlichen Werte solider und realistischer sind als das, was heute aus ihnen in der Öffentlichkeit gemacht wird.

Eine solche Darlegung verlangt vielleicht ein bisschen Mut, aber warum sollte der Heilige Geist denjenigen im Stich lassen, der das Evangelium vor seinen Arbeitskollegen vertritt? Es werden so viele Bekenntnisse gemacht – zum besten Bier, zur besten und attraktivsten Sängerin, zu Buddha und zum Dalai Lama, warum nicht auch zu dem, auf dessen Fundament alles steht? Ob Eifelturm und Kolosseum, ob Brandenburger Tor und Buckingham Palace, Wiener Prater oder Warschauer Kulturpalast?

Es ist in Dutzenden von Talkshows schon so viel über Zivilcourage gesagt worden, bei so vielen Veranstaltungen ist vom Aufstand der Anständigen und vom Aufstand derjenigen gesprochen worden, die noch ein Gewissen haben.
Europa bietet Christen nun die Chance dazu! Nicht fanatisch, nicht ohne dabei an das Wohl der eigenen Familie zu denken, aber auch nicht zu zaghaft, nicht feige.

## Private Aktionsebene

„Ich würde ja gerne etwas tun, aber ich weiß nicht was" – solch einen heiligen Stoßseufzer hört man oft in kirchlichen Kreisen. In abgewandelter Form lautet er: „Ich würde ja gern etwas tun, aber ich bin leider schon in wahnsinnig viele Dinge eingespannt."
Nun denn – wer wirklich Lust hat, etwas für Europa aus christlicher Überzeugung zu tun, der wird sich nicht hinter solchen Statements ver-

stecken, sondern mit ganzer Energie mitmachen bei einer Initiative, die den Namen „Europa für Christus" trägt.

Was ist darunter genau zu verstehen? „Europa für Christus" ist eine Initiative, die Anfang 2005 von dem österreichischen PR-Experten und Historiker Dr. Martin Kugler und seiner Frau Dr. Gudrun Kugler, die seit vielen Jahren als Expertin für Internationales Recht und Politik aktiv ist, und anderen Christen gegründet wurde – als Antwort auf die Diskriminierungen unserer Zeit. „Europa für Christus" ist ein Netzwerk, das europaweit und auch ökumenisch hilft, den Christen mehr Selbstbewusstsein und mehr Bildung zu geben. Für den öffentlichen Diskurs um Europa.

Es gibt keine Mitglieder im engeren Sinne, sondern Teilnehmer in ganz Europa. Teilnehmer zu werden, ist ganz einfach. Man geht auf die Homepage www.Europe4Christ.net, drückt auf die Flagge seines Landes und gibt seine E-Mail-Adresse an. In maximal drei Minuten ist man dabei! Jeder Teilnehmer bekommt monatlich einen elektronischen Europabrief, der in zehn verschiedenen Sprachen abgefasst ist. In jedem Brief findet man Know-how und Anregungen, die man benötigt, wenn man sich öffentlich zu heißen Themen äußern möchte, die Glaube und Gesellschaft betreffen. Darüber hinaus kann man bei „Europa für Christus" die „Europafisch-Aufkleber" bekommen.

Wie Martin Kugler sagt, haben die Initiatoren von „Christus für Europa" zwei Visionen. Vision eins: Dass man in spätestens 10 Jahren in keiner europäischen Hauptstadt lange spazierengehen muss, um einen Wagen mit EU-Fisch zu sehen. „Nicht, weil unser Logo so schön ist, sondern weil soziale Bewegungen von ihrer visuellen Präsenz leben. Christen sollen sehen und wissen: Ich bin nicht allein – der in dem Auto dort betet auch für ein christliches Europa", so Kugler.

Vision Zwei: In jedem Land Europas ein eigenes „Europa für Christus"-Team, „so dass wir nicht von Wien aus alles selbst machen müssen", wie Kugler hinzufügt. „In vielen Ländern gibt es das schon, dass junge Leute selbstständig Vorträge und anderes zum Thema „Europa für Christus" organisieren. Ich finde, das ist eine wunderbare Möglichkeit für Christen, sich gesellschaftspolitisch zu engagieren."

Es gibt, wie Kugler betont, viele prominente europäische Christen, die die Initiative schon unterstützen – sei es der Erzbischof von Köln, Kardinal Meisner, der Erzbischof von Wien, Kardinal Schönborn, der Erzbischof von Budapest, Kardinal Erdö, oder der Erzbischof von Krakau, Kardinal Dziwisz. Erfreulicherweise kommt aber auch Rückendeckung vonseiten der Kultur und der Medien. In Deutschland setzt sich der bekannte Fernsehjournalist Peter Hahne für „Europa für Christus" ein, in Polen beispielsweise der Filmregisseur Krzysztof Zanussi und der Journalist und Politiker Wladyslaw Bartoczewski. Dazu gibt es auch viel Unterstützung über die Grenzen der katholischen Kirche hinaus. Von evangelikalen Gruppen in Großbritannien beispielsweise. Auch der Repräsentant der russisch-orthodoxen Kirche in Brüssel hat „Europa für Christus" zu seiner Agenda gemacht.

Eine christliche Initiative, ein internationales europäisches Netzwerk, das über Gebet und Informationen via Internet miteinander verknüpft ist. Könnte dies nicht die ultimative Antwort auf die „neue Ideologie des Bösen" in Europa sein, die „dunkelste Dunkelkammer, die es gibt" (Juncker über den Europakonvent)? Viel spricht dafür!

## Das Recht auf Evangelisation

Zumal diese Initiative nicht den Fehler begeht, sich in endlosen Wertediskussionen zu verausgaben oder sich mit einer Verklärung der christlichen Vergangenheit und Tradition zu begnügen. Wie sagt der seiner eigenen Promiskuität müde gewordene Computerentwickler Don Johnston in Jim Jarmuschs Film „Broken Flowers" so schön: „Was gestern war, war gestern, was morgen sein wird, ist die Zukunft, und was heute ist, ist die Gegenwart."

Genau deshalb ist es wichtig, den christlichen Glauben als lebendige Gegenwarts- und Zukunftsoption für Europa aufzuzeigen. „Europa für Christus" tut dies. Es ist eine Initiative, die konkret umsetzt, was Johannes Paul II. in der Enzyklika „Redemptoris Missio“ fordert: Sie gibt ein klares Zeugnis für Jesus Christus ab, respektiert aber auch die Freiheit der Menschen, diese Botschaft abzulehnen.

Beides ist wichtig: Die Freiheit, ein Angebot machen zu dürfen, und die Freiheit dazu „Nein“ sagen zu dürfen. Nicht legitim wäre es, den Christen zu verbieten, ihr Angebot machen zu dürfen und wenn Menschen von Christen zum Glauben gezwungen werden würden.

Gegen den zweiten Punkt ist in der Geschichte Europas manchmal verstoßen worden, das war verkehrt und die Kirche und die Christen haben in einem Prozess der Umkehr Toleranz gelernt, die Freiheit und – aus ihrer Sicht – den Schmerz des Neins auszuhalten.

Gegen den ersten Punkt wird aktuell in Europa gegen die Christen gesündigt, indem man ihnen im postmodernen Klima des Relativismus das Recht abspricht oder zumindest erschwert, von der eigenen authentischen Wahrheit Zeugnis zu geben. Indem man darin eine Diskriminierung Andersdenkender, Andersgläubiger sieht[22].

Bis hinein in die Kirche ist dieser Geist der falsch verstandenen Toleranz eingezogen. Ein Geist, der weniger mit Toleranz als mit Angst zu tun hat, der Angst, die Grundlagen des eigenen Credos öffentlich zu bekräftigen. Doch: Wie können die Angehörigen anderer Religionen, die Freidenker und Humanisten, die Atheisten und Agnostiker, die Christen achten, wenn diese ihre eigene Identität nicht achten? Wie kann man auf dieser Basis die Identität der anderen ernst nehmen?

Die Kirche wendet sich, so schreibt Johannes Paul II. in der Enzyklika „Redemptor Missio“ von 1990, „an den Menschen im vollen Respekt vor seiner Freiheit. Die Mission bezwingt die Freiheit nicht, sondern begünstigt

[22] In einer englischen Radiosendung musste sich jüngst auf Druck der Programmmacher ein anglikanischer Geistlicher entschuldigen, weil er im Gespräch mit Muslimen Jesus als „den Weg, die Wahrheit und das Leben“ bezeichnet hatte. Die Programmmacher sahen darin eine Diskriminierung der Muslime, die jedoch mit der Aussage als Fundament des christlichen Glaubens überhaupt kein Problem hatten.

sie. Die Kirche schlägt vor, sie drängt nichts auf. Sie respektiert die Menschen und Kulturen, sie macht Halt vor dem Heiligtum des Gewissens."[23]

Die Kirche schlägt vor, sie drängt nichts auf – das ist der Schlüssel, mit dem die Neuevangelisierung Europas geschehen kann. Das ist der Schlüssel, mit dessen Hilfe es möglich ist, den Menschen in Europa neu mitzuteilen, dass das Heil nur durch Jesus Christus kommen kann. Es ist der Schlüssel, mit dem das Recht jedes Menschen, von Jesus Christus und dem Evangelium wenigstens einmal gehört zu haben, auch im einst so kräftigen Missionskontinent Europa verwirklicht werden kann. Auch wenn in Zukunft vielleicht Christen anderer Kontinente hier die Grundlehren des Christseins predigen werden. Ein schönes Beispiel übrigens für postkoloniale Emanzipation.

So viel Zeit und Energie sind in Europa in den vergangenen Jahrzehnten mit fruchtlosen, ideologisch-gesteuerten Diskussionen innerhalb und außerhalb der Kirche über Scheidung und Verhütung, Zölibat und Frauenpriestertum vertan worden. Es wird Zeit, dass Christen in Europa sich wieder auf die wesentliche Kernbotschaft ihres Glaubens konzentrieren und besinnen.

So wie damals zu Beginn der europäischen Geistesgeschichte und Evangelisierung, als der Apostel Paulus auf dem *Aeropag* in Athen seine berühmte Rede hielt. Eine Rede über die antike Vorstellung eines „unbekannten Gottes" und die neue Offenbarung Gottes in dem Menschen Christus, der gekreuzigt wurde und auferstand. In dem Bericht heißt es am Ende: „Als sie von der Auferstehung der Toten hörten, spotteten die einen, andere aber sagten: Darüber wollen wir dich ein andermal hören" (Apg 17,32).

Bekanntlich gab es dieses *andermal* im Leben des ersten Missionars Europas nicht. Er wurde in Rom als Märtyrer hingerichtet. Wir müssen es also selbst tun. In Europa. Auf den Aeropagen des Lebens. Heute und morgen. Alleine und zusammen.

[23] „Redemptoris Missio", Nr. 39.

# 5. Kapitel

# Epilog

## Persönliches zum Papst

Manchmal liegen die Dinge in der Luft – sie sind da, aber man sieht sie noch nicht. So ging es mir bei der Beschäftigung mit diesem Thema, das mich seit vielen Jahren beschäftigt. In Gedanken, in Beobachtungen. Im Frühjahr 2008 hatte ich schließlich ein Erlebnis, ein Schlüsselerlebnis, das mich heftig anstieß und in mir die Frage auslöste, ob es nicht nötig sei, etwas zum Thema Christen und ihrem negativen Image in Europa aufzuschreiben.

Ein polnischer Freund in Berlin hatte mir von einem neuen Nachbarn aus Kenia erzählt, einem Muslim, der ein eigenes Restaurant mit exotischen Spezialitäten habe. Der Nachbar selbst sei ein sehr freundlicher Mensch und – dabei leuchteten die Augen des polnischen Freundes – „jemand, der seinen Glauben als Muslim sehr ernst nimmt". Ich lernte den Nachbarn bei einem Mittagessen bald kennen und es stellte sich heraus, dass er wirklich freundlich war und ein guter Koch dazu. Außerdem kamen wir sehr schnell auf eine gemeinsame spirituelle Ebene. Wir sprachen über die unsichtbare Welt und die verschiedenen Kräfte, welche die Menschen führen können, gute und böse. Er respektierte meinen Glauben, ich respektierte seinen Glauben, und wir waren froh, eine gemeinsame Sicht auf die Dinge jenseits des Materiellen gefunden zu haben.

Nicht lange nach dieser Begegnung entdeckte der polnische Freund, während wir in seiner Küche ein Bier tranken, bei mir einen religiösen Gegenstand, einen Rosenkranz, und wurde unglaublich wütend. Er begann, mich anzuschreien und mir einen aggressiven Vortrag über die Sünden der Kirche zu halten. Als ich ihn auf seine Zeit in Polen ansprach und mich danach erkundigte, ob er während seiner Solidarność-Aktivitäten nicht auch in die Kirche gegangen sei und gebetet habe, folgte nach einer zerknirschten Bejahung eine noch lautere Suada (Redeschwall) über kirchliche Fehlhandlungen in Polen. Und es ging über die Priester her, über den „Geschäftsmann“ Maximilian Kolbe, über den „Karrieristen“ Johannes Paul II.

Ich diskutierte nicht mit ihm, es war nicht möglich, ich wechselte das Thema. Doch die Atmosphäre des Gespräches konnte ich nicht vergessen. Ein paar Monate später machte mich meine Frau während einer kurzen Italienreise auf einen Artikel in einem polnischen Magazin aufmerksam: Dort wurde die Aktion „Europa für Christus“ vorgestellt. Das internationale Netzwerk und das Phänomen der „Christianophobie“.

Wiederum ein paar Monate später erhielt ich plötzlich per Mail eine Einladung von Martin Kugler, einem der Gründer von „Europa für Christus“, der mich zu seinem Vortrag bei der OSZE-Konferenz in Warschau einlud. Wir kamen danach ins Gespräch und es entwickelte sich eine anregende Unterhaltung. Mit den Worten „Wir bleiben in Kontakt“ verabschiedeten wir uns vor dem Hotel „Sofitel“ bei strömendem Regen.

Als ich mich Anfang dieses Jahres in ein kleines, von den Loreto-Schwestern geführtes Kloster im Süden Polens zurückzog, begann ich neben Spaziergängen und Gebet aufzuschreiben, was mir zu dem Thema „Christianophobie“ in Europa alles einfiel. Nachrichten, Erinnerungen, Analysen. Ich versuchte für mich selbst, eine Ordnung zu schaffen und eine Übersicht. Je mehr ich schrieb, desto schockierter wurde ich.

Immerhin: Ich verließ das Kloster mit einem fertigen Manuskript, einem fertigen Buch, so dachte ich. Doch kaum war ich wieder in Warschau angekommen, genügte ein Blick ins Internet, um zu wissen, dass dieses Buch noch längst nicht fertig war, wahrscheinlich überhaupt nie fertig sein würde, weil die Zeit, in der wir leben, es sozusagen täglich weiterschreibt.

Was war passiert? Papst Benedikt XVI. hatte im Geist der kirchlichen Einheit, deren Erhalt und Vertiefung zu den Kernaufgaben jedes Papstes zählen, die Exkommunikation von vier Bischöfen der von Erzbischof Lefebvre gegründeten, schismatischen Priesterbruderschaft St. Pius X. aufgehoben.

Ein rein kirchenrechtlicher Akt, ohne jede politische Dimension. So könnte man denken. Ein erster Schritt der Annäherung, der es den vier Bischöfen nun ermöglicht, zwar nicht als Bischöfe, aber wie katholische Laien am Glaubensleben der Kirche teilzunehmen.

Eine großherzige Geste des Papstes also, die in Polen, wie ich bald schon mitbekam, von Journalisten und Bischöfen mit großer Freude und Dankbarkeit aufgenommen wurde. Warum auch nicht? Mit weltweit 491 Priestern, 215 Seminaristen, 6 Seminaren, 88 Schulen, 2 Universitäts-Instituten, 117 Brüdern und 164 Schwestern ist die Priesterbruderschaft ein durchaus Aufmerksamkeit verdienender Faktor. Und steht nicht auch in der Heiligen Schrift: „Wenn einer von euch hundert Schafe hat und eines davon verliert, lässt er dann nicht die 99 in der Steppe zurück und geht dem verlorenen Schaf nach, bis er es findet?" (Lk 15,1–7). Zumal die traditionalistischen Bischöfe den Papst Ende 2008 „geradezu flehentlich" (Robert Spaemann) um die Aufhebung der Exkommunikation gebeten hatten?

In anderen Ländern Europas und ganz besonders in Deutschland, wo 70 Jahre nach Beginn des Zweiten Weltkrieges der aktive Widerstand gegen Hitler immer stärker wird, sah man dies anders. Hier stürzte man sich, wie ich zahlreichen Homepages deutscher Zeitungen, Magazinen und Nachrichtendienste entnahm, mit einer beispiellosen Hysterie auf das vom Vatikan offenbar vernachlässigte Faktum, dass einer der schismatischen Bischöfe, der Brite Richard Williamson, schon seit längerer Zeit den Holocaust leugnet. Eine historische Dummheit, eine Verblendung, die erstens völlig indiskutabel und zweitens wahrscheinlich nur pathologisch zu erklären ist, wenn überhaupt. Anstatt auf diesen pathologischen Fall ruhig und sachlich zu reagieren und sich stärker auf die Gesamtperspektive der päpstlichen Entscheidung zu konzentrieren, reagierten die deutschen Medien und zahlreiche gesellschaftliche Repräsentanten allerdings nun ihrerseits hochgradig pathologisch, während die Proteste vieler jüdischer Repräsentanten nach Einschätzung des New Yorker Rabbis Irwan Kula, Präsident des *National Jewish Center for Learning and Leadership*, „maßlos übertrieben"[24] waren.

---

24 Rabbi Irwan Kula in: VATICAN Magazin Nr. 3, März 2009, S. 14f.

Ich konnte meinen Augen und Ohren nicht trauen. Angeführt von Hans Küng, forderten Theologieprofessoren öffentlich den Rücktritt des Papstes. „Wenn dieser Papst der Kirche etwas Gutes tun will, müsste er zurücktreten", keifte etwa der emeritierte Theologieprofessor Herman Häring. Zahlreiche Bischöfe, die es eigentlich besser hätten wissen müssen, distanzierten sich öffentlich von Benedikts Entscheidung der Milde und Barmherzigkeit. Sie warnten, wie der Bischof von Rottenburg-Stuttgart, Gebhard Fürst, vor einem „Glaubwürdigkeitsverlust der Kirche" oder versicherten, wie Kardinal Karl Lehmann, mit großer Krokodilsträne, dass ihnen der Papst „leid" tue. Aktive oder längst ausrangierte Politiker wie Heiner Geißler (CDU) kritisierten, dass der Papst sich „gegenüber Frauen, Andersgläubigen, Geschiedenen, Homosexuellen" theologisch abschotte. Sein Vorgänger, so Geißler, habe „die Gemeinsamkeiten mit andersgläubigen Menschen gesucht, er nicht". Was natürlich ein doppelt fragwürdiger Vorwurf war, weil in Geißlers Argumentation nicht nur die vorkonziliare „Andersgläubigkeit" der Priesterbruderschaft elegant verdrängt wurde, sondern auch der eigene, oft diskriminierende Umgangston bezüglich des „polnischen Papstes".

Der Vorwurf Geißlers zeigte aber auch, dass es vielen lautstarken Papst-Protestlern, trotz mancher subtiler Versuche, den Papst in die rechtsradikale, anti-semitische Ecke zu schieben, wo er natürlich und gottlob vollkommen deplatziert ist, bei ihrem medialen *Sacco di Roma* eigentlich weniger um den „Fall Williamson" ging. Frauen, Andersgläubige, Geschiedene, Homosexuelle – mit jedem Tag, an dem sich das mediale Tribunal rund um die Aufhebung der Exkommunikation fortsetzte, wurde deutlicher, dass es den Protestlern eigentlich um eine generelle Abrechnung mit Benedikt XVI. ging. Einer Abrechnung mit seiner Lehre, seinem Glauben, seinem Kirchenverständnis.

Einem Kirchenverständnis, das im Unterschied zur überwiegenden Mehrheit der deutschsprachigen Katholiken – und wie man wohl leider sagen muss: deutschsprachigen Bischöfe – das Zweite Vatikanum nicht als Bruch mit der Vergangenheit, nicht als völligen Neuanfang interpretiert, sondern als Kontinuität. Als Brücke zwischen Tradition und Moderne.

Zu den wenigen Journalisten, die diesen hintergründigen Konflikt erkannten, zählte der Chefredakteur des *Vatican-Magazins*, Guido Horst, der von Rom aus auf den „Fall Williamson" blickte und konstatierte: „Hinter der Auseinandersetzung um die Priesterbruderschaft der Lefebvrianer steht eine Machtfrage: Wem gelingt es, das Zweite Vatikanum in seinem Sinne zu interpretieren? Wer gewinnt die Deutungshoheit?"

Momentan, so sieht es jedenfalls in Westeuropa aus, scheinen in Pfarrgemeinderäten, Generalvikariaten und Fernsehanstalten zahlenmäßig und machtpolitisch diejenigen am längeren Hebel zu sitzen, die für Bruch und völligen Neuanfang plädieren. Was sicher auch damit zusammenhängt, dass diese selbst ernannten „Reformkatholiken", die ihr Denken gerne mit der Phrase vom „Geist des Konzils" etikettieren und poetisieren, in ihrem Bestreben, die Wahrheit immer mehr zu relativieren, das Christentum immer stärker zu einer Religion unter vielen zu degradieren, vom Zeitgeist getragen werden. Wenn sie nicht selbst schon, mehr als sie es wissen und es ihnen lieb sein kann, Produkte dieses Zeitgeistes sind.

Dass es rund um die Aufhebung der Exkommunikation zum offenen Ausbruch der *Christianophobie* kam, zu einer Form von kommunikativer Euthanasie im Namen einer falsch verstandenen Freiheit und Toleranz, kann nach all den geschilderten Attacken auf das Christentum in Europa trotz vierjähriger „Wir sind Papst"-Maskerade eigentlich nicht weiter überraschen. Es war, als würden all die Angriffe gegen Erzbischof Johannes Dyba, all die Schmähungen und Demütigungen Rocco Buttigliones, all der akademische Hass, wie ihn seit 2008 die Universität *La Sapienza* repräsentiert, aus allen Richtungen kommend zu einer großen anti-christlichen, anti-kirchlichen Apotheose zusammenfließen. Zum großen lärmenden Abschuss[25].

---

[25] Was nicht bedeutet, dass dies die letzte Gross-Attacke war. Der Afrikabesuch des Papstes Mitte März 2009 wurde von einer ähnlich diffamierenden Debatte über Benedikts Ablehnung von Kondomen als Mittel in der HIV-Prävention, begleitet, die er zum Auftakt seiner Afrikareise bekräftigt hatte. Immer mehr prominente Stimmen reihten sich ein in die Kritik. So zitierte ein französischer Fernsehsender den früheren Ministerpräsidenten Alain Juppe mit den Worten: „Der Papst wird langsam zu einem echten Problem." Zuvor hatten sich unter anderem auch deutsche Regierungsmitglieder empört gezeigt.

Doch all diejenigen, die den Papst in diesem Lärm vermahnten, seien es nun die Bundeskanzlerin Angela Merkel oder der Vorsitzende des Zentralkomitees der deutschen Katholiken, Hans Joachim Meyer, sei es der „Tagesspiegel“ und „Zeit“-Journalist Harald Martenstein, der fragte, ob der Papst nicht ein „Trottel“ sei, all diejenigen, die am Rande dieses Papst-Bashings den von Benedikt XVI. neu ernannten Weihbischof von Linz, Gerhard Wagner, mit bizarren Vorwürfen und Unterstellungen gleich mitversenkten, übersehen in ihrer moralisch-pluralistischen Einfalt völlig, dass der Papst der Letzte auf dieser Erde ist, der dazu berufen ist, das Heil von mehr Demokratie, mehr Dialog, mehr Ökumene und mehr innerkirchlichen Reformen zu erwarten. Er ist schließlich der Stellvertreter Christi!

Ein Stellvertreter, der – so könnte man sarkastisch anmerken – jetzt eigentlich genug Gründe besitzt, um die gut und gerne 30 Millionen deutschsprachigen „Reform-Katholiken“ wegen fehlender Anerkennung des Papstes und seiner Hirtengewalt sowie verweigerten Gehorsams gegenüber seiner Lehrautorität auf einen Schlag zu exkommunizieren[26]; er wird dies aber nicht tun. Sein persönlicher Brief, den er mit etwas zeitlichem Abstand an die Bischöfe in aller Welt sandte, enthüllt, warum. Dort heißt es nach einem tiefen Bedauern über die Missverständnisse und die „sprungbereite Feindseligkeit“, die ihm entgegengekommen sei: „Aber leider gibt es das ‚Beißen und Zerreißen‘ auch heute in der Kirche als Ausdruck einer schlecht verstandenen Freiheit. Ist es verwunderlich, dass wir auch nicht besser sind als die Galater? Dass uns mindestens die gleichen Versuchungen bedrohen? Dass wir den rechten Gebrauch der Freiheit immer neu lernen müssen? Und dass wir immer neu die oberste Priorität lernen müssen: die Liebe?“

---

[26] Anfang März 2009 fand im schweizerischen Luzern aus Protest gegen den Papst eine Demonstration von „Reformkatholiken“ statt. Der Apostolische Nuntius in Bern, Erzbischof Francesco Canalini, veröffentlichte daraufhin eine Erklärung: Es widerspreche dem katholischen Geist, wenn sich innerhalb der Kirche Gruppen bildeten, die mit öffentlichem Druck „ihre Auslegung verschiedener Inhalte der Lehre und der kirchlichen Disziplin durchsetzen wollen“. Canalini forderte die Gläubigen dazu auf, dem Papst „ihr umfassendes Vertrauen“ zu schenken.

Was für ein wunderbares, erstrebenswertes Ziel: den rechten Gebrauch der Freiheit und die Liebe immer neu zu lernen. Ist es nicht genau dieser Vorsatz, der für die innerkirchliche Kommunikation wie auch für das Miteinander aller Menschen in Europa zukünftig die entscheidende Basis bilden sollte? Die Hauptmelodie, die Hauptkompositionslinie einer modernen, Grenzen überschreitenden Zivilgesellschaft, die diesen Namen wirklich verdient?

Nur wenn dies geschieht, wenn Freiheit und Liebe gelernt werden, so scheint mir, werden Christen eines Tages wieder – ohne Angst davor, von ihren Glaubensgeschwistern oder von der Kirche fernstehenden Interessengruppen diskriminiert zu werden – ein normales Leben führen können. In Europa, für Europa. Mit Christus.

Warschau, 25. März 2009

Der Autor dankt Frau Dr. Gudrun Kugler und Dr. Martin Kugler für die juristische und historische Beratung und freundliche Unterstützung bei der Arbeit an diesem Buch.